karambolage

www.knesebeck-verlag.de   www.arte-tv.com

Bibliografische Information Der Deutschen Bibliothek
Die Deutsche Bibliothek verzeichnet diese Publikation in der Deutschen Nationalbibliografie;
detaillierte bibliografische Daten sind im Internet über http://dnb.ddb.de abrufbar.

Titel der Originalausgabe: *Karambolage*
Erschienen bei Éditions du Seuil, Paris 2004
Erschienen in Zusammenarbeit mit ARTE Deutschland TV GmbH
Copyright © 2004 Éditions du Seuil/ARTE Éditions

Deutsche Erstausgabe
Copyright © 2006 von dem Knesebeck GmbH & Co. Verlags KG, München
Ein Unternehmen der La Martinière Groupe

Umschlaggestaltung: Erasmi + Stein
Satz: satz & repro Grieb, München
Druck: Rotolito Lombarda, Mailand
Printed in Italy

ISBN-13: 978-3-89660-351-7
ISBN-10: 3-89660-351-5

Alle Rechte, insbesondere das Recht der Vervielfältigung und Verbreitung, vorbehalten.
Kein Teil des Werkes darf in irgendeiner Form (durch Fotokopie, Mikrofilm oder ein
anderes Verfahren) ohne schriftliche Genehmigung des Verlags reproduziert oder unter
Verwendung elektronischer Systeme verarbeitet, vervielfältigt oder verbreitet werden.

claire Doutriaux

karambolage

kleines Buch der
deutsch-französischen Eigenarten

aus dem Französischen von Maija-Lene Rettig, Jeanette Konrad und Nikola Obermann

 KNESEBECK

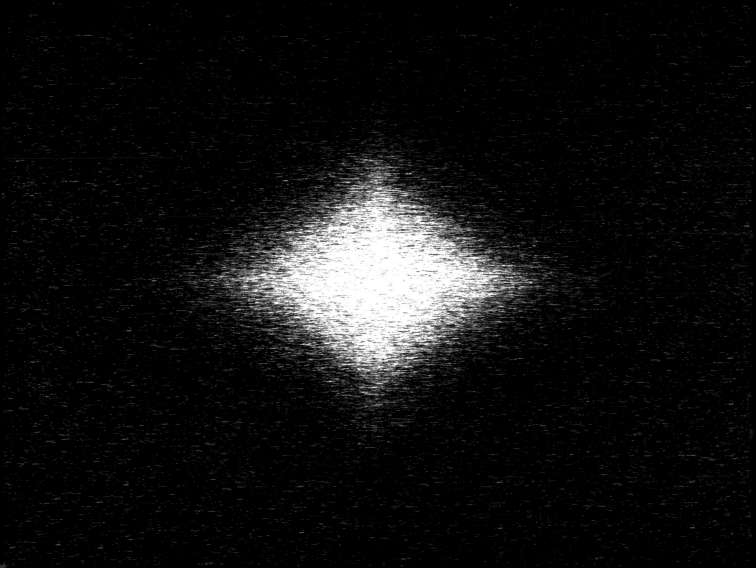

INHALT

8	DER GEGENSTAND / L'OBJET
74	DAS BÜRO / LE BUREAU
86	DAS RITUAL / LE RITUEL
100	DAS INVENTAR / L'INVENTAIRE
116	DAS WORT / LE MOT
172	DIE LAUTMALEREI / L'ONOMATOPÉE
186	AUFLÖSUNGEN DER RÄTSEL / LA SOLUTION DES DEVINETTES

Meinem Sohn Antoine und der Familie Istas

VORWORT

karambolage ist eine Fernsehsendung. Heute ist karambolage auch ein Buch.

Jeder, der in zwei Ländern und zwei Kulturen lebt, weiß, wie spannend und manchmal auch aufreibend es ist, ständig zwischen beiden Welten hin- und herzuspringen. Je umfassender die Kenntnis der anderen Kultur, desto größer erscheint der Abstand zur eigenen, immer mehr Feinheiten zeichnen sich ab, die bereichern und beglücken.

Doch wie kann man diejenigen, denen die andere Kultur gänzlich unbekannt ist, an diesem Gedankenspiel teilhaben lassen, ohne zu Klischees und nutzlosen Vergleichen zu greifen? Viele Franzosen – und das hat auch mit der deutschen Vergangenheit zu tun – interessieren sich nicht für das moderne Deutschland, seine Sprache, Alltagskultur und Bräuche.

Mir lag daran, Interesse zu wecken und einen Weg zu finden, der die Klippen umschifft. Das hieß, vom Konkreten auszugehen: vom Detail. Von einem Gegenstand, einem Wort, einem Ritual, einer Lautmalerei. Jedes Detail einzeln und für sich unter die Lupe nehmen, dabei verweilen, es beobachten und beschreiben, eine Interpretation versuchen und von Zeit zu Zeit ein wenig darüber schmunzeln.

Mir lag daran, eine Form zu finden, die es jedem dieser Aspekte ermöglicht, sich zu entfalten. Sie zeigen, sie inszenieren und sie gelegentlich auch übersteigern.

Mir lag daran, mit einem humorvollen Ton und einer spielerischen Herangehensweise Neugier zu wecken, diesen unerschöpflichen Lebensimpuls, und anstelle von Konfrontation das Lächeln zu suchen.

Schließlich lag mir daran, mit Autoren zusammenzuarbeiten, die – ob Sprachwissenschaftler, Schriftsteller, Journalisten oder einfach subtile Beobachter – täglich in diesen beiden Sprachen und Kulturen, der deutschen wie der französischen, leben und bereit sind, bei der karambolage mitzuspielen.

Ich danke dem Team und den Grafikern von karambolage, die dem erbarmungslosen Zeitdruck standhalten und diese Sendung auf ARTE Woche für Woche von neuem gelingen lassen. Mein Dank gilt außerdem Noël Bourcier, der uns mit viel Fantasie geholfen hat, aus karambolage dieses Buch zu machen, sowie Garance Giraud und Pascale Breitenstein für ihre präzise Lektüre. C.D.

DER BLUMENSTRAUSS
LE BOUQUET DE FLEURS

Beobachten wir einmal einen deutschen und einen französischen Floristen beim Einwickeln eines Blumenstraußes.

In Frankreich wählt der Florist ein hübsches, farblich passendes Papier, zum Beispiel ein kräftiges Pink, um die rosa- und lilafarbenen Blumen zur Geltung zu bringen, und windet vorsichtig ein Bastbändchen um den Strauß.

In Deutschland wickelt der Blumenhändler den Strauß ganz ein und macht ein regelrechtes Paket daraus, als wolle er ihn verbergen oder schützen. Wie sein Werk am Ende aussieht, ist ihm weniger wichtig.

Da stehen nun also unsere beiden Kunden mit ihren Blumensträußen.

Unser französischer Freund kommt an seinem Ziel an. Stolz streckt er der Gastgeberin zur Begrüßung seinen Strauß entgegen. »Oh, le beau bouquet!« – »So ein schöner Strauß!«, ruft die Französin begeistert.

Ob solch einer Szene wäre unser deutscher Freund etwas pikiert, denn in Deutschland schickt es sich nicht, Blumen eingepackt zu überreichen. Man muss das Papier erst sorgfältig entfernen, wobei sich übrigens jedes Mal die Frage stellt: Wohin damit? In Deutschland überreicht man Blumen, als habe man sie soeben frisch auf einer Wiese gepflückt. In Frankreich ist die Verpackung Teil des Geschenks. Sie lässt den Strauß kostbarer und erlesener wirken.

Hier der deutsche Drang nach wahrem Sein, dort das französische Faible für den schönen Schein. **C.D.**

DER TROPFENFÄNGER

Das Wunderbare an den Deutschen ist, dass sie für jeden Zeitpunkt des Tages und für jedes Bedürfnis, und sei es noch so klein, einen Gegenstand erfinden.

Was geschieht in Frankreich und fast überall auf der Welt, wenn man eine Tasse Tee eingießt? Die schöne Tischdecke wird durch einen hässlichen Tropfen verunziert! Ach herrjemine!

In Deutschland kann so etwas nicht passieren, denn dort fängt dieses kleine Etwas, vorsichtig über den Hals der Teekanne gezogen, den bösen Tropfen auf.

Darauf musste man erst einmal kommen! **C.D.**

LA GALETTE DES ROIS

Kennen Sie die Geschichte von der deutschen Studentin, die Anfang Januar in Paris ankommt, von Heißhunger überfallen wird und in die erstbeste Bäckerei geht? Dort ist kaum Auswahl, überall die gleichen runden Torten: **galette des rois** steht auf dem Schild. Königskuchen. Unglaublich, denkt sie, dieser aristokratische Hang der Franzosen, und gönnt sich ein kleines, wohlriechendes Törtchen. Begeistert beißt sie rein, und da passiert's. Ein Zahn kracht mit voller Wucht auf etwas Hartes. Aua! Oder **aïe!**, wie man im Französischen sagt.

In Frankreich heißt das Dreikönigsfest **épiphanie**, ein Wort, das aus dem Griechischen kommt und »Erscheinung« bedeutet. Den Heiligen Drei Königen, Kaspar, Melchior und Balthasar, wurde an einem 6. Januar die Geburt des Christuskindes offenbart.

Um dieses Ereignis entsprechend zu würdigen, wird die **galette des rois** gebacken, ein Kuchen aus Blätterteig und Marzipan. Und darin versteckt man eine kleine Porzellanfigur, **une fève**, das heißt Saubohne. Ursprünglich wurde nämlich tatsächlich eine Bohne in die **galette** eingebacken.

Wer das Kuchenstück mit der Figur erwischt, ist König oder Königin. Ihm wird eine Krone aus goldener Pappe aufgesetzt, und jedes Mal, wenn er sein Glas an die Lippen führt, schreien die anderen begeistert: »Le roi boit, le roi boit« – »Der König trinkt«.

Mögen die Wissenschaftler auch darüber streiten, ob diese heidnische Sitte auf die Römer zurückzuführen ist oder auf das Mittelalter. Die **galette des rois** ist und bleibt ein nationales Heiligtum: Ob zu Hause,

bei der Oma, im Büro, ja, vor allem im Büro – ganz Frankreich **tire les rois**. Ja, man zieht die Könige.

Mit Eifer. Und mit Champagner. Meistens muss der Jüngste unter den Tisch, um auf die Frage zu antworten: »Für wen ist dieses Stück?« – »Für Papa.« – »Für Tante Bernadette.« … Wurden die Könige noch vor zwanzig Jahren nur am 6. Januar gezogen, so feiert man sie heutzutage ununterbrochen vom 2. bis zum 15. Januar: Die schlauen Bäcker haben nämlich begriffen, dass die einstigen Revolutionäre gerne alle für einen Tag König oder Königin sein wollen; und damit jeder drankommt, verkaufen sie ihre Kuchen mindestens zwei Wochen lang.

Noch eins: Passen Sie auf, dass dieses inzwischen heidnische Festessen nicht zum **étouffe-chrétien** wird, wörtlich Christen-Ersticker. So nennt man auf Französisch ein Essen, das so schwer im Magen liegt, dass jeder normale Mensch daran ersticken würde. **C.D.**

DER GEGENSTAND L'OBJET

L'AMPOULE À BAÏONNETTE

Eine deutsche Glühbirne hat eine Schraubfassung. Die erste derartige Glühlampe wurde 1878 in den Vereinigten Staaten von Thomas Alva Edison erfunden, deshalb nennt man sie auch Glühbirne mit Edisonfassung.

Diese Birne braucht man für alle deutschen Lampen und für fast alle Lampen der Welt, mit Ausnahme – Sie ahnen es – der französischen, aber auch der englischen Lampen. Letzteres verwundert weniger, denn in England fährt man schließlich auch links.

Nehmen wir uns jetzt eine französische Glühbirne vor – nun ja, französisch in den Augen der Franzosen, die sich gerne mit ihren vermeintlichen Besonderheiten brüsten: **l'ampoule à culot de baïonnette** oder **l'ampoule à baïonnette**, Glühbirne mit Bajonettfassung.

Tatsächlich hat sie ein Engländer erfunden: Sir Joseph Swann, ein Zeitgenosse von Edison. Er nannte seine Erfindung **bayonet base bulb**. Wenig später wurde diese Glühbirne auch in Frankreich eingeführt.

Aber warum nennt man sie Bajonettglühbirne? Weil ihre Fassung einem Bajonett ähnelt: einem Gewehr, an dessen Lauf ein Metallspieß aufgesetzt ist.

Und warum nennt man ein Bajonett eigentlich Bajonett?

Zur Renaissancezeit kamen in der Gegend von Bayonne Bauern auf die Idee, einen scharfen Spieß an einem Stock zu befestigen, um eine Waffe daraus zu machen. Im Lauf der Jahrhunderte wurde diese wahrhaft französische Waffe perfektioniert: Nun konnte man damit auf einen Feind schießen und ihn zugleich durchbohren. Schließlich wurde sie unter der Bezeichnung Bajonett in allen Armeen der Welt eingeführt. **C.D.**

DAS BAISER LA MERINGUE

Ein Deutscher auf Durchreise in Paris hat Lust auf ein Eiweißgebäck. Er kramt sein Schulfranzösisch hervor und erklärt der Bäckerin, dass er gerne ein Baiser hätte. Die Bäckerin wird ihr Erstaunen durch eine hochgezogene Augenbraue oder ein höfliches »Pardon?« kundtun und ihn, falls er nicht lockerlässt, aus dem Laden werfen. Vielleicht erliegt sie aber auch seinem Charme und küsst ihn – man kann nie wissen.

Ein **baiser** ist in Frankreich ein Kuss. Das **baiser** aus Eiweiß und Zucker nennen die Franzosen **meringue**.

Das Naschwerk wird bei schwacher Hitze zwei bis drei Stunden gebacken. Wenn man weiß, dass ein Baiser eine trockene, bröckelnde Angelegenheit ist, kann man sich die Frage stellen, warum die Deutschen ein so ›feuchtes‹ Wort wie **baiser** dafür gewählt haben. Und warum hat man ihm einen französischen Namen gegeben: **ein baiser**? Warum nicht einfach: **ein kuss**? Da kommen wir zum Punkt! Es gibt in Deutschland nämlich noch eine andere Süßigkeit aus Eiweiß und Zucker. Und die ist so zartschmelzend wie Schlagsahne. Das Ganze ist auf einer runden Waffel angerichtet: **der Negerkuss**. Das unter diesem politisch nicht ganz korrekten Namen bekannte Gebäck ist auf jeden Fall viel weicher und cremiger als das traditionelle Baiser und zusätzlich noch mit Schokolade überzogen!
Eine naher Verwandter des Negerkusses, das polnische Schokoladenbaiser, heißt übrigens **murzynka**, ein Wort, das eigentlich »Negerin« bedeutet. Aus **murzynka** haben die Franzosen im 17. Jahrhundert… **meringue** gemacht. So schließt sich der Reigen. **N.O.**

DER GEGENSTAND L'OBJET

DER BIERDECKEL

Natürlich wissen Sie, dass Bier in Deutschland stets mit einem Bierdeckel serviert wird, dieser kleinen Zellstoffscheibe, auf die das volle Glas gestellt wird und die dazu dient, den überlaufenden Schaum aufzusaugen. Aber wissen Sie auch, warum diese buntbedruckte Scheibe **Bierdeckel** heißt und nicht **Bieruntersetzer**?

Das kommt aus alten Zeiten. Früher legte man einen Deckel aus Filz oder Holz auf das Glas oder den Humpen, damit der Schaum nicht überlief und damit unerwünschte Tierchen ferngehalten wurden. Vor gut hundert Jahren hatte dann ein Sachse in der Kartonagenfabrik und Druckerei Friedrich Horn bei Magdeburg die geniale Idee, Bieruntersetzer aus Pappe zu stanzen und das Signet einer Brauerei darauf zu drucken. Und für diese Bieruntersetzer übernahm man die ursprüngliche Bezeichnung Bierdeckel. Natürlich wollte jede Brauerei – und damals gab es zehntausende – den allerschönsten Bierdeckel haben. Der Siegeszug des Bierdeckels war nicht mehr aufzuhalten. Der Gebrauchsgegenstand wurde Werbeträger, Heimatsymbol, kostenloses Mitbringsel, Volkskunst und Vorläufer der Popkultur.

Der Bierdeckel ist nicht nur schön, sondern auch praktisch, denn die Kellnerin kann jedes bestellte Bier mit einem Strich auf dem Deckel verzeichnen.

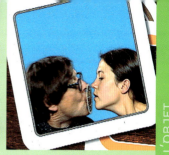

Er eignet sich auch wunderbar für Gesellschaftsspiele, die mit steigendem Bierkonsum natürlich immer lustiger werden. Das bekannteste ist das Bierdeckel-Fangen: Man legt den Bierdeckel so auf den Tisch, dass die Kante etwas über den Tischrand hinausragt. Durch eine ruckartige Aufwärtsbewegung mit dem Handrücken wird der Bierdeckel in die Luft befördert, wo er eine 180-Grad-Drehung macht, bevor er dann mit der Hand wieder aufgefangen wird. Die Zahl der gleichzeitig im Spiel befindlichen Bierdeckel wird je nach Geschicklichkeit und Trinkfestigkeit des Spielers gesteigert.

Langsamere Naturen können sich im Bauen von Bierdeckel-Pyramiden versuchen. Wer die höchste baut, gewinnt.

Man kann den Bierdeckel auch mit dem Mund ansaugen und ihn an einen saugenden Partner weitergeben. Das ist sehr gesellig.

Kurzum, der **Bierdeckel** beglückt einen immer wieder aufs Neue, mit ihm fühlt man sich niemals allein… **H.K.**

LE LIVRE À LA FRANÇAISE

von Michael Rutschky

Ein Buch. Kein Problem.
Ein simples Gerät. Rasch lernt man, wie es zu bedienen ist. Man fängt vorne an und arbeitet sich langsam bis zum Ende durch. Unten rechts hört der Text jeweils auf. Dann muss man oben links weitermachen.

Doch in Frankreich gibt es Bücher, die nicht als einfache Maschinen funktionieren. Der Leser muss das Buch aufschneiden. Sorgfältig. Vorsichtig. Wie man Geflügel zerlegt oder einen Fisch. Als wäre das Buch eine Speise, die erst zubereitet werden muss. Oder ist das gar eine Form von Sex? Das *ius primae noctis*, das Recht auf die erste Nacht? Das Buch geht als Jungfrau in die Ehe … und vermählt sich auf immer und unwiderruflich mit seinem ersten Leser. Danach ist es nicht mehr ganz dasselbe.

LES MOUILLETTES

Für den Deutschen ist der Anblick eines Franzosen, der ein weichgekochtes Ei isst, sehr befremdend.

Zuerst nimmt der Franzose eine Scheibe Weißbrot, die er mit Butter bestreicht, um sie dann in schmale, streng gleichmäßige Streifen zu schneiden.

Er benutzt keinen Löffel, um die empfindliche Schale auszuhöhlen. Mit der bloßen Hand geht er den Dingen auf den Grund.

Der Franzose tunkt gerne.

Es liegt etwas sehr Sinnliches in diesem Bild des Weißbrotstäbchens, das die Oberfläche des Eigelbs durchstößt, um in das Innere einzudringen.

Diese Brotstäbchen nennen die Franzosen **mouillettes**, von **mouiller** – »nass machen«.

Manchmal quillt die noch warme, zähflüssige Lava über den Rand, läuft über die Finger und tropft auf das Tischtuch.

Zugegeben: Das Auge isst hier nicht mit.

Wenn das Ei aus Versehen zu weich geraten ist, will das Tunken nicht gelingen, zumal das französische Weißbrot meist schwammig und labbrig ist.

Und wenn das Ei zu hart ist?

Dann findet die Vereinigung der beiden Elemente nicht statt.

Die liebevoll vorbereiteten **mouillettes** – alles umsonst! **K.P.**

DER GEGENSTAND L'OBJET

DAS BRETTCHEN

Das Brettchen ist ein Kultgegenstand des deutschen Alltags, ein unverzichtbares und zeitloses Küchenutensil. Es handelt sich um eine kleine, rechteckige Platte, die den Teller beim **Abendbrot**, dieser kalten Mahlzeit, mit der sich viele Deutsche am Abend begnügen, ersetzt. Das Brettchen kann aus Holz sein, ist aber meistens aus **Resopal**. Das ist die praktische, pflegeleichtere Variante im Stil der fünfziger Jahre. Die Unterseite ziert das typische Karomuster in Grau oder Beige, auf der Oberseite können deutsche Designer ihr Können unter Beweis stellen.

Mit den Jahren wird das Resopal-Brettchen an den Kanten bräunlich-gelb und ziemlich unansehnlich. Es beginnt sich zu wölben, was vom zu heißen Wasser der Spülmaschine herrührt. Seine Oberseite ist vom Messer zerkratzt.

Das Brettchen lässt tief in die deutsche Seele blicken.

Es ist eine Art Werkbank für eifrige Bastler: Man schneidet eine Scheibe Brot ab, wählt dann den Brotbelag aus, schneidet die Fleischwurst, drückt die Streichwurst aus der Pelle, befreit den Scheibletten-Käse von der Plastikhülle und schneidet ihn in die passende Form. Dann kommt der Farbtupfer, der die Vitaminzufuhr sichert: Gurke, Schnittlauch, Zwiebel, Senfgurke, Radieschen oder Tomate.

Das Brettchen erfreut also immer wieder aufs Neue, denn jeder kann darauf sein individuelles, kleines Meisterwerk kreieren.

Vor allem aber ist das Brettchen Sinnbild der deutschen **Gemütlichkeit** – dieses unübersetzbaren Gefühls, das man für Franzosen nur umschreiben kann. Das Brettchen erlaubt es, ohne großen Aufwand täglich zu picknicken.

Es ist das Gegenteil von Geziertheit, ein Garant für die Ursprünglichkeit, die den Deutschen so am Herzen liegt. **C. D.**

DER GEGENSTAND L'OBJET

L'ÉCOSSAIS

In der französischen Hauptstadt und Provinz gibt es einen besonderen Typus von Franzosen, den wir nun aus der Nähe betrachten wollen.

Zu erkennen ist diese Spezies an ihrem Faible für den **schottenstoff**, **l'écossais**: Meist in Marineblau und Dunkelgrün mit feinen roten Streifen; es gibt die verschiedensten Varianten. Die Röcke aus diesem Stoff sind gerade geschnitten, oder sie werden mit einer Nadel wie ein schottischer Kilt zusammengehalten. Darüber wird eine längere engmaschige Strickjacke getragen, deren Besonderheit die auffälligen Goldknöpfe vorn und an den Ärmeln sind. Es gibt sie in drei Farben: marineblau, flaschengrün und rot. Stilgerecht gehört darunter eine weiße oder auch geblümte Bluse. Die Perlonstrumpfhose ist meist marineblau, ganz wie die Mokassins, die bisweilen ein Goldkettchen ziert. Ist das Haar etwas länger, wird es von einem mit blauem Samt überzogenen Reif brav zurückgehalten. Und schließlich das unabdingliche Accessoire: eine echte Perlenkette.

Ein Halstuch der Marke Hermès, bedruckt mit Reitsportmotiven wie etwa einem Steigbügel, darf beim Verlassen des Hauses natürlich nicht fehlen. Genauso wenig wie eine marineblaue oder flaschengrüne Steppjacke.

Ihre wohlerzogenen Sprösslinge tragen polierte Lederschühchen und weiße Söckchen. Sie sind in der Regel recht zahlreich. Die Mädchen tragen gesmokte Kleidchen, die Knaben sommers wie winters knielange Hosen.

Handelt es sich etwa um einen neuen Trend? Guter Gott, nein! Diese Leute beteuern vehement, mit Mode nichts am Hut zu haben. Sind sie Mitglieder eines Clubs? Schauen wir uns den Schottenstoff an: Das Karomuster erinnert an den Tartan, Unterscheidungsmerkmal der schottischen Clans. Die Steppjacken ähneln denen,

die man zum Reiten oder zur Jagd trägt, die traditionell aristokratische Freizeitvergnügen sind. Ebendiese Sportarten finden sich als Motive auf besagten Halstüchern wieder. Ganz offenbar möchten sich diese Menschen einer bestimmten Elite oder einem Clan zuordnen.

Mit diesen äußeren Erkennungszeichen demonstrieren sie ihre Zugehörigkeit zur gutbürgerlichen katholischen Schicht in Frankreich, deren Werte fest in der Tradition verankert sind. Die französische Gesellschaft ist eben nach wie vor eine Klassengesellschaft mit starrer Rangordnung. **C.D.**

DAS STÖVCHEN

Diesen Gegenstand findet man in vielen deutschen Haushalten und nur ganz selten in Frankreich: das **stövchen**. Für Franzosen ist das Wort quasi unaussprechbar: Schtschötschschn. Eine Qual für französische Zungen.

Wie kann man es übersetzen? Ganz einfach: In Frankfurt heißt das Stövchen **rechaud**. Es gibt sogar die Verniedlichungsform **rechaudsche**. Ein Stövchen ist jedoch keine banale Warmhalteplatte: Es hat nur eine einzige Kerze und dient uns Deutschen ganz allein dazu, den Kaffee warm zu halten.

Es gibt moderne Stövchen, raffinierte, viereckige, runde und natürlich meins: ein bisschen angeschlagen, aber ich liebe es über alles, denn ich habe es von meiner Großmutter geerbt.

Es steht allerdings versteckt hinter einem Tellerstapel in meinem Küchenschrank, ich benutze es fast nie. Warum?

Weil ich im romanischen Frankreich lebe, wo man seinen winzigen Espresso nach dem Essen in einem Schluck herunterkippt.

Dort ist es nicht wie in den nordischen, kalten Ländern, wo Nebel und Unwetter uns dazu zwingen, eng zusammenzurücken, in einem gemeinsamen Kampf gegen Winter, Schnee, Wind, Regen und Einsamkeit. Klar, wir Deutschen brauchen das **Kaffeekränzchen**, um all diesen Widrigkeiten zu entgehen. Und weil es bestimmt zwei bis drei Stunden dauert, bis man sich alles über die Nachbarn erzählt und den Kuchen aufgegessen hat, ist das Stövchen für uns absolut unentbehrlich.

Da thront es, mitten auf dem Wohnzimmertisch, und dank seiner kleinen Flamme wird es **gemütlich**, schön gemütlich – noch ein Wort, das die Franzosen nicht kennen und das unübersetzbar bleibt. Viel zu deutsch, dieser Hang zur Gemütlichkeit.

Das Stövchen ist vielleicht ein bisschen altmodisch, aber es tut uns gut. Es ist wie ein Puppenstubenlagerfeuer. Finden Sie nicht? Es fehlen nur noch eine Gitarre, wehmütige Weisen von fernen Ländern, dem deutschen Wald, romantischer Liebe und der Zeit, die vergeht.

Ja, das fehlt. Das fehlt mir wirklich ein bisschen … **N.O.**

DER STRANDKORB

An der deutschen Nord- und Ostseeküste gibt es wunderschöne breite Strände. Zwar ist es dort manchmal ziemlich kalt und es kann sehr windig werden, aber das macht uns Deutschen nichts aus. Wir haben nämlich genau das Richtige entworfen, um diese raue Natur in Ruhe genießen zu können.

Ende des 19. Jahrhunderts wollte eine gewisse Elfriede Maltzahn, eine sehr vornehme Dame, trotz eines Rheumaleidens nicht auf ihren Urlaub am Meer verzichten. Sie beauftragte den kaiserlichen Hof-Korbmacher Wilhelm Bartelmann, eine Sitzgelegenheit zu erfinden, die sie am Strand vor dem Wind schützen würde. Und schon war der **Strandkorb** erfunden.

Auf den ersten Blick mag dieses Ding behäbig, fast ein bisschen protzig wirken. Aber der breite Sessel aus robustem Korbgeflecht bietet den größten Komfort, den man sich am Strand vorstellen kann.

Das große Korbdach mit einer ausziehbaren Plastik- oder Stoffmarkise schützt bei Unwetter; der Sitz ist weich gepolstert und die Lehne beliebig verstellbar. Links und rechts gibt es Armlehnen aus Holz und sogar ein kleines Tischchen zum Ausklappen. Aber das ist noch nicht alles: Vorne kann man zwei Brettchen herausziehen, um die Füße hochzulegen. Wunderbar.

Doch die Sonne ist untergegangen, Zeit für den Strandkorbverleiher, alle Tischchen wie im Flugzeug hochzuklappen, die Rückenlehnen aufzurichten und die Strandkörbe wieder zurechtzurücken. Zu guter Letzt verschließt er sie mit einer Art Lattenrost, damit keiner unerlaubt dort übernachtet. **K. P.**

LE SANDWICH von Michael Rutschky

Das gefüllte Baguette. Das englische Sandwich. Schließlich das deutsche **klappbrot**, das in Berlin **stulle** heißt ... überall in Europa dasselbe Prinzip: Der Belag wird im Brot eingeklemmt. Oben und unten Butter.

Den Deutschen erinnert das Klappbrot an seine Schulzeit. Da gab Mutter es ihm für die große Pause mit. Das ist einfach. Das ist praktisch. Die Kinderhand greift danach, ohne sich schmutzig zu machen.

Dieses Klappbrot bezeichnet der Deutsche mit seinem englischen Namen als **sandwich**. Der Earl of Sandwich, heißt es, habe es erfunden, weil er das Schachspiel nicht wegen einer Mahlzeit unterbrechen wollte. Und verhungern wollte er beim Spielen natürlich auch nicht.
Eine andere Legende sagt, der Earl of Sandwich habe verhindern wollen, dass seine Soldaten das Schießen durch Essen unterbrachen.

Nie käme der deutsche Besucher darauf, dass man dieses riesige Baguette in Frankreich auch **sandwich** nennt. Kein Klappbrot für Edelleute, sondern eins für Bauern, die, wenn sie essen, den Mund richtig voll haben wollen.
Das beruhigt den deutschen Touristen. Wenn er mit der französischen Küche nicht zurechtkommen sollte – von diesen Klappbroten wird er ordentlich satt.

DIE TRACHT

Franzosen verwundert es, dass man in Bayern, und sogar in der Hauptstadt München, zu jeder Tageszeit Menschen begegnen kann, die eine **Tracht** tragen.

Das **Dirndl** der Dame besteht aus einem Kleid mit Puffärmeln und einer Schürze oder aus einem weiten Rock, einem Schnürkorsett und einer blütenweißen Bluse. Die Farben sind frisch und fröhlich. Ihr Dekolleté ist einladend, ihr Lächeln gewinnend.

Der zünftige Herr trägt **Lederhosen**, und zwar die echten aus Hirschleder. Die kurzen nennt man **Plattlerhosen**, die sogenannten **Bundhosen** reichen bis übers Knie. Dazu trägt er dicke Wollsocken – die an den Waden bestickten sind besonders schön –, eine **Trachtenjoppe** aus Loden, eine Weste mit großen Knöpfen und schließlich das wichtigste Zubehör der Tracht: den grünen, mit einer Feder oder einem Gamsbart geschmückten Filzhut. Kleine Federn werden links getragen, große hinten an den Hut gesteckt. Der Legende nach litten die Söldner der römischen Legionen unter Rheumatismus, als sie ins kalte Nordeuropa gelangten. Um sich zu wärmen, wickelten sie ihre Körper in Tierfelle, die sie mit Riemen festschnürten, Hosenträger gab es noch nicht. Durch das stete Verknüpfen gaben die alten Römer den widerstandsfähigen Tierhäuten allmählich eine neue Form. Diese traditionellen Kleidungsstücke der Bergbewohner und Jäger waren fast vollkommen verschwunden, als Ende des 19. Jahrhunderts Professor Joseph Vogel einen **Trachtenverein** gründete, um die Tradition neu zu beleben.

Ein Norddeutscher oder Berliner würde sich nie und nimmer auf diese Weise kleiden. Woher kommt also diese bayerische Eigenart?

In Frankreich begreift man eine derartige Zurschaustellung traditioneller Kleidung allzu schnell als Ausdruck einer konservativen oder reaktionären Einstellung. Aber so einfach ist das nicht.

Die Deutschen sind auf ihre regionalen Besonderheiten und die Eigenständigkeit ihrer Länder stolz. Die Bayern sind noch ein bisschen stolzer als die anderen, das ist alles. Mit seiner vergleichsweise niedrigen Arbeitslosigkeit und der florierenden Wirtschaft, den malerischen Landschaften und schmucken Dörfern sowie der speziellen Melange aus Katholizismus und Weltoffenheit ist Bayern ein wirklich kontrastreiches Bundesland.

Sie wissen ja, wie das Erfolgsrezept von Bayernchef Edmund Stoiber lautet: »Laptop und Lederhosn.« **C.D.**

DER GEGENSTAND L'OBJET

DER KLOPAPIERHUT

Dies ist ein selten gewordener deutscher Gegenstand, der allerdings immer noch in Gebrauch ist. Man stellt ihn auf die Heckablage von Kraftfahrzeugen, schön in die Mitte. Worum handelt es sich?

Wenn man nach diesen seltsamen Gegenständen Ausschau hält, sieht man, dass sie stets gehäkelt sind und dass es sie in verschiedenen Farbtönen gibt, in zartem Gelb, Lila, Rot, Blau oder Grün.

Auf manchen Exemplaren thront stolz ein kleiner Bommel, andere sind am unteren Rand mit einer Rüschenborte verziert.

Was mag bloß die Funktion dieses Gegenstands sein? Dient er reinen Dekorationszwecken, indem er dem funktionalen Innern des Automobils eine persönliche Note verleiht? Oder soll unter diesem Hütchen diskret etwas versteckt werden? Und wenn ja, was könnte das sein? Eine Süßigkeitenreserve, um die quengelnden Kinder auf dem Rücksitz zum Schweigen zu bringen? Eine Erfrischung für den durstigen Fahrer? Ein Nähetui für den Fall, dass man schnell mal einen Knopf annähen muss? Zigaretten? Oder verbirgt sich darunter ein Duftspender, dessen Parfüm sich durch die Löchlein der Häkelarbeit ins Auto verströmt?

Weit gefehlt! Unter diesem entzückenden Gegenstand, dessen angestammter Platz die Ablagefläche hinter dem Rücksitz deutscher Autos ist, verbirgt sich ... eine Rolle Klopapier. **C.D.**

L'OPINEL

Zur Grundausrüstung eines jeden Wanderers gehört natürlich ein **taschenmesser**. In Deutschland bekommt jeder Junge früher oder später ein echtes Schweizer Taschenmesser geschenkt, rot mit weißem Kreuz, mit mindestens 18 Funktionen, vom Messer bis zum Korkenzieher, von der Schere zum Schraubendreher, um nur ein paar zu nennen… kurzum, ein praktisches Werkzeug für jede Situation. Ein Universalwerkzeug.

Ein richtiger Franzose hingegen hat für alle Lebenslagen sein eigenes, ganz besonderes Messer bei sich, benannt nach seinem Erfinder: ein **opinel**.

Auf den ersten Blick besticht dieses Messer durch seinen Holzgriff, der sich gut anfühlt. Er ist ergonomisch geformt, hat eine sanfte Wölbung, die sich angenehm in die Hand schmiegt, und ein abgeschrägtes Ende. Wunderbar.

Und nun raten Sie mal, wozu das scharfkantige Ende gut ist! Ein kurzer Schlag auf den Tisch – klack –, und die Klinge springt heraus, so dass man sie ganz einfach mit zwei Fingern ausklappen kann. In dieser Hinsicht schlägt das **opinel** das Schweizer Messer um Längen. An jenem brechen Sie sich nämlich zwangsläufig die Fingernägel ab; es sei denn, Sie haben stets eine Zange dabei, was zugegeben etwas lästig ist.

Auf dem Ring ist eine Zahl eingraviert: Die Nummer 6 ist angeblich bei Frauen sehr beliebt, Männer bevorzugen die 8. Insgesamt gibt es 13 verschiedene Größen. Klappen wir es auf: Ab Größe 6 lässt sich der Ring drehen, wodurch die Klinge blockiert wird, damit Sie sich nicht aus Versehen in den Finger schneiden. Dieser Ring heißt »virole«. Praktisch, mag man denken.

Schauen wir uns jetzt unser Schweizer Messer nach ein oder zwei Jahren an: makellos, wie neu. Wie langweilig, werden die Franzosen denken. Sehen Sie mal, wie das **opinel** altert: Das Holz nutzt sich langsam ab, und die Klinge oxidiert.

Eigentlich dürfte sie gar nicht rosten, denn: Wie reinigt man ein Eisenmesser mit einem Holzgriff? Natürlich ohne Wasser!

Treuherzig wird Ihnen ein Franzose erklären, dass es vollkommen ausreicht, die Klinge in die Erde zu stoßen, um sie zu reinigen. Das Ergebnis: Der Ring, die sogenannte »virole«, sitzt eines schönen Tages fest vor lauter Rost, Sand und Erde. Achtung, das ist gefährlich, denn ohne den Ring hat die Klinge keinen Halt mehr.

Wie auch immer! Dieser Gegenstand lebt, er altert mit seinem Besitzer. Und jeder Franzose, der etwas auf sich hält, entwickelt zu seinem **opinel** eine nahezu fetischistische Zuneigung. **C.D.**

DIE GEMÜSEMÜHLE VON MOULINEX

Wie wird in Deutschland Kartoffelpüree zubereitet?
Man gibt die Kartoffeln in eine Schüssel und zerdrückt sie eine nach der anderen mit einem Stampfer aus Holz, bis daraus ein Brei entsteht, der ungleichmäßig und voller Klümpchen ist. Man kann auch das modernere Modell aus Edelstahl oder einfach eine Gabel verwenden. Halten wir uns nicht mit denen auf, die auf elektrische Geräte schwören und meinen, man könne mit einem Mixer einen guten Kartoffelbrei zubereiten – kein Kommentar.

In Frankreich kann das alles nicht passieren, was einem gewissen Jean Mantelet zu verdanken ist. Als Mantelet an einem Abend im Januar 1932 sah, wie seine Frau sich damit abplagte, Kartoffeln mit der Gabel zu zerdrücken, wurde er von Mitleid ergriffen. Kurzerhand erfand dieses Universalgenie **le moulin à légumes**, »die Gemüsemühle«, auch ganz einfach »presse-purée – das Instrument der weiblichen Emanzipation« genannt. Ein Behälter mit drei Füßen und einer Kurbel, die mit einer Stahlklinge verbunden ist.

Wenn man die Mühle umdreht, sieht man einen Einsatz mit Löchern, das Sieb. Und so lautet die Gebrauchsanweisung dieses revolutionären Gerätes: »Man lege die zu pürierende Masse in den Behälter. Die Drehscheibe wird mit Hilfe der Kurbel in Bewegung gesetzt. Die obere Klinge der Drehscheibe erfasst die Masse, die

nach und nach zwischen der Fläche und dem kegelförmigen Sieb zusammengepresst wird.« Natürlich lässt sich mit der Gemüsemühle jedes Gemüse zerdrücken, ob Karotten oder Lauch, grüne Bohnen oder Rüben.

Wenn alles püriert ist, geht es an die Reinigung des Gerätes. Und da wird es kompliziert, denn um die Mühle zu spülen, muss man sie erst einmal auseinander nehmen – ein Unterfangen, das eine gewisse Geschicklichkeit erfordert. Dann muss man jedes Einzelteil sorgfältig säubern, was gar nicht so einfach ist. Ein Hinweis: Spülen Sie Ihre Gemüsepresse immer sofort, und lassen Sie keine Gemüsereste antrocknen, denn sie ist dann nicht mehr zu retten.

In dieser Hinsicht ist der einfache Kartoffelstampfer der Gemüsemühle haushoch überlegen. Trotzdem hatte die Püreepresse von Jean Mantelet, der später die Firma Moulinex gründete, einen gewaltigen Erfolg. Zwei Millionen Exemplare wurden jährlich hergestellt, das Gerät hat die französischen Haushalte erobert und wird uns, da es praktisch unverwüstlich ist, noch lange erhalten bleiben, auch wenn die Firma Moulinex vor vier Jahren leider Pleite gegangen ist. Zum großen Kummer aller Franzosen. **C.D.**

LE LIT À LA FRANÇAISE von Michael Rutschky

Der Deutsche, zum ersten Mal in einem französischen Bett, wundert sich über dessen Breite. So viel Platz. Unermessliche Weite.

Was soll man anfangen mit so viel Freiheit? Der Deutsche hat es lieber eng im Bett. Einmummeln, wie das im Deutschen heißt, ist darin ganz unmöglich. Auch das Kissen verwirrt den deutschen Kopf. Wie soll man es zusammenquetschen, damit's gemütlich wird? Hier kann man nur aufgebahrt liegen wie ein französischer König auf seinem Totenbett.

Natürlich ist das alles Unfug. Das französische Bett ist unbestritten ein Lager für zwei, für ein Paar. Das weite Land gehört beiden, die Decke darüber ebenso. Und auf der Nackenrolle liegend kann man sich verliebte Blicke zuwerfen … sie ist eine Landzunge, die zwei Kontinente verbindet.

Schlecht ist das französische Bett für ein Paar, das im Streit liegt. Da braucht man deutsche Verhältnisse. Zwei Kopfkissen. Zwei Bettdecken. Und in der Mitte eine Ritze, die die zwei Territorien sauber trennt.

DER WANDERSTOCK

Das Wandern ist des Müllers Lust. Das weiß in Deutschland jeder. Schließlich werden alle Deutschen irgendwann in ihrem Leben mit dem Ohrwurm von Müllers Wanderlust gequält, vor allem mit dem Refrain: »das Wahandern, das Waaahaandern …«

Der zünftige deutsche Wanderer verfügt über festes Schuhwerk, Hut und natürlich einen **wanderstock**. Dieser ist meistens aus Haselnussholz handgeschnitzt. Früher legte man seinen Wanderstock über die Schulter und band das Bündel mit seinen Siebensachen daran fest. Heute wird er nur noch als Wanderhilfe benutzt.

Der deutsche Wanderer verziert seinen Stock mit bunten Plaketten aus Metall, die er in Souvenirläden kauft und mit Nägelchen an seinem Wanderstock anbringt. Der Brauch stammt offenbar aus alten Zeiten, als fahrende Scholaren und Handwerksburschen auf der Walz mit den Plaketten bekundeten, wie weit sie schon herumgekommen waren.

Zu Beginn des vorigen Jahrhunderts wurde im Kaiserreich der **wandervogel** gegründet. Diese Gruppe, die am Anfang der Jugendbewegung stand, reagierte auf die schnelle Industrialisierung und Verstädterung und protestierte gegen bürgerliche Spießigkeit: In naturnaher Lebensweise, Volkslied und Tanz suchten die jungen Menschen einen neuen Lebensstil.

Und schließlich hatten wir sogar einen Bundespräsidenten, der bei seinem Amtsantritt 1979 die Gesellentradition fortsetzte und die gesamte Republik erwanderte. Das war Karl Carstens.

Bekanntlich hatten auch die Franzosen einen Präsidenten, der gerne wanderte: François Mitterrand. Da müssen wir allerdings schmunzeln, wenn uns die Franzo-

sen an dessen Ritual erinnern, jedes Jahr an Pfingsten den – zugegeben – mächtigen Felsen von Solutré in seinem Wahlkreis Saône-et-Loire zu erklimmen. Seien wir ehrlich: Dieser Aufstieg glich eher einem Pilgerzug. Der Hirte mit dem Pilgerstab ganz vorne, die auserwählten Jünger hintendran. Das Wichtigste dabei war, dass man sich später auf dem Gruppenbild mit dem Präsidenten wiederfand.

Nein, nein, das hat mit echtem Wandern nichts zu tun, mit dem romantischen Sich-in-der-Natur-Ergehen-und-Ergötzen: Für uns Deutsche ist das Wandern eine echte Seelenmassage. **H.K.**

DER PATERNOSTER

In Frankreich gibt es keinen **Paternoster**.

Das ist sehr schade, denn der Paternoster ist ein wahres Wunderwerk.
Ein Fahrstuhl, auf den man nicht zu warten braucht, weil die Kabinen ohne Unterlass zum Einsteigen einladen. Sie ziehen in einer Endlosschlaufe vorbei wie die Perlen eines Rosenkranzes (der früher ebenfalls Paternoster, »Vater unser«, genannt wurde) – und von da hat er auch seinen Namen.
Der erste Paternoster wurde 1885 in einem Hamburger Handelskontor gebaut, heute sind in Deutschland noch an die 350 in Betrieb. Und das nur, weil ein paar Vereine hartnäckig für ihren Erhalt kämpfen. Wer will bloß dem Paternoster den Garaus machen? Technische Überwachungsvereine, die in Deutschland bekanntlich zahlreich und mächtig sind. Immerhin verursachen die Paternoster jedes Jahr mehrere, manchmal sogar tödliche Unfälle.
Deshalb steht auch jeweils angeschrieben: **Für Kinder und Gebrechliche verboten**.

DER GEGENSTAND L'OBJET

Ein Paternoster hält eben niemals an, man muss während der Fahrt rein- und rausspringen.

Kaum ist man drin, denkt man besorgt ans Aussteigen. Ich kenne niemanden, der bei der Vorstellung, aus diesem Ding herausspringen zu müssen, nicht ein wenig Angst hätte. Das Herz fängt an zu klopfen. Und wenn ich es nicht rechtzeitig schaffe? Werde ich dann zusammengequetscht? Dreht sich die Kabine oben um, und fahre ich kopfüber wieder hinunter?

Was für ein unglaublicher Fahrstuhl, der zum Spiel mit dem Tod herausfordert. Es fasziniert mich, wie er die auf absolute Sicherheit eingeschworene Gesellschaft bedroht. Und schließlich ist es ganz schön paradox, dass dieser scheinheilige Paternoster ausgerechnet in Deutschland und dann auch noch in Verwaltungsgebäuden seinen stummen, steten und provokanten Widerstand gegen alle Normierungsversuche europäischer Instanzen leistet. **C.D.**

LE CHIFFON DE BARRAGE

Stellen Sie sich einmal die Ratlosigkeit eines deutschen Spaziergängers vor, der auf seinen Streifzügen durch Paris diese seltsamen Rollen entdeckt, welche in unregelmäßigen Abständen am Straßenrand liegen. Eine Art Wurst, stets von ungefähr gleicher Länge, achtzig Zentimeter, fest geschnürt wie ein Sonntagsbraten.

Teppiche für Hunde, mutmaßt man, oder Tritthilfen für Fußgänger bei Schneewetter, Abstandsmarkierer zwischen parkenden Autos oder Zugluft-Stopper für Haustür-Ritzen. Andere munkeln, es seien verendende Nacktschnecken, die auf der Suche nach Luft und Licht aus der Kanalisation gekrochen kommen…

Aber nein, diese handgearbeiteten kleinen Kunstwerke sind eine Kreation aus den Werkstätten der Pariser Straßenreinigung, von denen jede ihre eigene Schnürtechnik hat.

In der Tat fangen die Rinnsteine in Frankreich nämlich nicht nur das Regenwasser auf, sondern sie dienen auch der Straßen- und Bürgersteigreinigung. Mit diesen praktischen Rollen aus altem Teppich oder aus Lumpen, die sorgfältig zusammengeschnürt werden, kann man das Wasser leiten und es nach rechts oder links lenken, um bequemer den Rinnstein fegen zu können. Eine wunderbar einfache Antwort auf ein Alltagsproblem, ganz ohne technisches Brimborium.

Die Straßenkehrer, die sie herstellen, nennen sie **chiffons de barrage** – Wasserstaulumpen. **C.D.**

DER STAMMTISCHASCHENBECHER

Die deutsche Sprache hat eine Vorliebe für zusammengesetzte Wörter – hier ein besonders prächtiges Exemplar: **der stammtischaschenbecher**. Dabei handelt es sich um einen traditionsreichen Gegenstand, den man in deutschen Kneipen und Gaststätten findet.

Für einen Franzosen müsste man das Wort von hinten aufschlüsseln, und das ergäbe so etwas wie den Becher für die Asche auf dem Tisch des Stammes. Aber welchen Stammes? Dieses Wort ganz am Anfang ist der Schlüssel zum Wesen des so speziellen Aschenbechers. Noch dazu ist **stamm** buchstäblich **ein stammwort**: Stamm ist zunächst der **baumstamm**, aber auch der **volksstamm**, die **abstammung**, das **stammbuch**, der **stammbaum**. Die **stammtischgäste** haben also eine ganze Wortgeschichte zu tragen. Der Stammtischaschenbecher ist sehr groß, damit alle Zugelassenen hineinaschen können; er hat einen liebevoll gearbeiteten schmiedeeisernen Bogen, auf dem ein Schild mit der Aufschrift »Stammtisch« thront. Ein Prachtstück des Gelsenkirchener Barocks. Ein Monument, das von dem Ideenreichtum der ortsansässigen Handwerker kündet oder von dem der Brauereien und Zigarettenhersteller, die ihn gratis liefern.

An jenem Tisch Platz zu nehmen, auf dessen Holzoberfläche Bier, Schnaps und allerlei Geschichten ihre Spuren hinterlassen haben, ist jedoch nicht jedem vergönnt. Da braucht es einige Jahre regelmäßiger Thekenanwesenheit, und man sollte mit dem Wirt auf Du und Du sein. Außerdem muss man zu dieser undefinierbaren Gruppe gehören, die sich über Jahre gebildet hat und die der Kneipe, wie das Mobiliar, ihren einzigartigen Charakter verleiht. **c.d.**

DER EIERPIEKER

Wie verfährt ein Franzose, wenn er ein Ei weich kochen will? Er nimmt ein frisches Ei aus dem Kühlschrank und lässt es sacht in einen Topf mit kochendem Wasser gleiten. Mit ein wenig Glück geht dieses französische Abenteuer gut aus. Wenn nicht, wissen wir, was passiert: Das Ei bekommt einen Sprung oder zerplatzt, das Eiweiß quillt heraus. Das Ei ist hin.
Dabei kennen die Franzosen doch zahlreiche Küchentricks: Man gibt grobkörniges Salz ins Wasser, andernorts Weinessig, oder man spricht ein exakt dreiminütiges Gebet.

   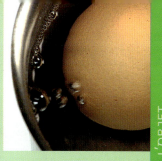

DER GEGENSTAND L'OBJET

Schauen wir nun, wie ein Deutscher beim Eierkochen vorgeht: Er weiß, dass sich im dickeren Ende des frischen Eis eine abgeschlossene Luftkammer befindet. Deshalb drückt er das Ei mit der Spitze nach oben vorsichtig auf einen kleinen Apparat aus Plastik, den **Eierpieker**. Dieser piekst mit einer Nadel, die an einer Sprungfeder festgemacht ist, ein kleines rundes Loch ins Ei. Taucht man das Ei nun ins kochende Wasser, breitet die Luft sich aus und entweicht durch das Löchlein: Die Schale bleibt unversehrt.

Der Eierpieker ist daher ein unentbehrliches Küchengerät, das es in Deutschland schon seit den fünfziger Jahren in jeder Küche gibt. Wie ist es also möglich, dass ein so geniales Utensil es im Zeitalter der Globalisierung nicht über die Grenze schafft?

Ein Erklärungsversuch: Vielleicht fürchten die Franzosen gerade diese totale Effizienz, die dem Zufall keine Chance lässt? **S.G.**

LA BAGUETTE

Ja, ich weiß, das Baguette ist etwas typisch Französisches – wie abgedroschen!

Trotzdem kann ich mir ein paar Bemerkungen dazu nicht verkneifen. Erstens: Baguette wird nicht geschnitten. Meistens wird es mit bloßen Händen in Stücke gebrochen – eine archaische, biblische Geste. Und was passiert dabei? Es entstehen Krümel.

Noch vor dem Essen fallen die Leute über das Baguette her, völlig ausgehungert durch die unzähligen Aperitifs. Zwischen den einzelnen Gängen des Menüs wird weitergekrümelt, irgendwas muss man ja machen mit den Händen. Während des ganzen Essens benutzen die Franzosen das Baguette als Schwamm zum Tunken; in bürgerlichen Familien wird es dazu mit der Gabel aufgespießt.

Und wissen Sie eigentlich, wie die Franzosen Käse essen? Sie brechen das Brot in kleine Teile und legen den Käse stückchenweise darauf.

Kurzum, nach dem Essen hat man die Bescherung: auf dem Tisch, neben dem Tisch, unter dem Tisch – überall Krümel.

Dieses gigantische Krümelaufkommen belegt den verschwenderischen Umgang der Franzosen mit ihrem Baguette. Übrigens liegen auch in allen Ecken und Winkeln französischer Küchen trockene Baguette-Enden herum.

Rund um die Uhr backen die Bäcker frisches Brot: morgens, mittags, abends. Das ist auch notwendig. Nach spätestens vier Stunden ist ein Baguette knochentrocken und nicht mehr genießbar. Man würde sich die Zähne daran ausbeißen.

Also wird wieder neues Brot vom Bäcker geholt! **U. H.**

LA VACHE QUI RIT

Zugegeben, lachende Kühe findet man überall: The Laughing Cow in England, A vaca que ri in Portugal, Den Leende Ko in Dänemark, Весёлая Бурёнка in Russland, Con bò cuòi in Vietnam, Al bacara abachika in Marokko und natürlich **Die Lachende Kuh** in Deutschland, aber **La vache qui rit** ist urfranzösisch. Verkauft wird sie in Pappschachteln mit 8, 12, 16, 24 oder sogar 32 Portionen für die Süchtigen. Um die Schachtel zu öffnen, muss man zuerst das Bändchen rundherum abziehen. An die dreieckigen, in Aluminiumfolie verpackten Portionen gelangt man, indem man ein weiteres, diesmal rotes Bändchen abzieht, und wenn man geschickt ist, löst sich der dreieckige Deckel mühelos und cremefarbener Schmelzkäse kommt zum Vorschein. Der ist ein bisschen schmierig, etwas fade und fettig. Und keiner weiß, was drin ist. Auf dem Etikett ist von »verschiedenen Käsesorten« die Rede … Naja, vielleicht ist es besser, wenn man es nicht so genau weiß. Wie dem auch sei, seit der Käsefabrikant Bel 1921 **La vache qui rit** auf den Markt gebracht hat, ist ihr Erfolg ungebrochen. Kein Picknick ohne **La vache qui rit**: Sie ist leicht zu transportieren, Kinder streichen sie gern aufs Brot oder essen sie pur und betrachten dabei verträumt die Ohrringe der Kuh, auf denen eine Kuh mit Ohrringen abgebildet ist, auf denen eine Kuh mit Ohrringen …

Ganz sicher verdankt **La vache qui rit** ihren Erfolg dieser schallend lachenden Kuh. Einer roten Kuh, die der Grafiker Benjamin Rabier gezeichnet hat. »Eine Kuh zum Lachen bringen! Das hat mir viele schlaflose Nächte beschert. Von meinem Milchmann lieh ich mir eine Kuh samt Kalb aus.

Das Kalb zeichnete ich zuerst, weil ich dachte, es wäre zutraulicher, da es jünger war. Doch ganz im Gegenteil: Die Mutter hat zuerst gelacht, vor lauter Freude, dass ich mit ihrem Kalb spielte« (Benjamin Rabier, *L'Album*, 1902).

Die lachende Kuh wurde beneidet und oft kopiert. So gab es die ernste Kuh, die jedoch in einem Prozess gegen die lachende Kuh unterlag, die sprechende Kuh, die lesende Kuh, die ausschlagende Kuh, das weinende Kalb, die kokette Kuh, die moderne Kuh, die gelehrte Kuh, das lachende Kind usw. Aber nur die lachende Kuh lacht immer noch, wenn auch ihre Hörner im Laufe der Zeit etwas stumpfer geworden sind.

Die Idee war einfach genial. Wissen Sie, woher sie kam? Im Ersten Weltkrieg wurde der Käsefabrikant Léon Bel in dieselbe Truppeneinheit berufen wie Benjamin Rabier. Dieser malte vergnügte Kühe auf die Fahrzeuge, die die Truppe mit frischem Fleisch versorgten.

Und diese fröhliche Kuh wiederum geht auf einen patriotischen Foxtrott mit dem sinnigen Namen »La Wachkyrie« zurück: einer Parodie auf die *Walküren* Richard Wagners, den man als Deutschen damals natürlich verachtete. Französisch ausgesprochen, wird daraus »La vache qui rit«. Noch so eine deutsch-französische Geschichte… **O.N.**

   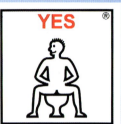

DER AUFKLEBER

Nun möchte ich den Franzosen eine Kuriosität vorstellen, die man gelegentlich auf deutschen Toiletten sieht.

Es gibt nämlich eine wichtige Frage, die deutsche Frauen nicht loslässt: Sollen Männer im Sitzen oder im Stehen pinkeln? Eine existentielle Grundsatzfrage, an der schon viele Beziehungen zerbrochen sind. Schuld daran ist ein Naturgesetz: die Schwerkraft.

Wenn ein Mann im Stehen pinkelt, besprizt er zwangsläufig die Toilette und den Fußboden. Die Feministinnen der siebziger Jahre haben sich deshalb folgende Strafe ausgedacht: Die Herren haben sich auf die Toilette zu setzen wie wir Frauen – und das Problem ist gelöst! Das Problem der Hygiene und das Problem der Gleichberechtigung beider Geschlechter. Denn wenn die Männer pinkeln, sind es nach wie vor die Frauen, die anschließend saubermachen müssen.

Deshalb gibt es in emanzipierten deutschen Badezimmern diese Kastrationsangst auslösenden **Aufkleber**. Die Deutschen scheinen überhaupt eine Schwäche für Aufkleber zu haben; manche ermahnen zur Sauberkeit, andere verbieten das Rauchen auf den Toiletten…

Ganz im Vertrauen: Jedes Mal, wenn ich in Deutschland auf so einen herrlichen Aufkleber stoße, versuche ich mir kurz das französische Mannsvolk angesichts dieser Verordnungen vorzustellen. Zum Schieflachen. Den EU-Kommissaren steht noch einiges bevor… **P.H.**

LE BOL von Michael Rutschky

Da staunt der Deutsche, wenn er an seinem ersten Morgen in Frankreich die Einheimischen beim Frühstück beobachtet.

Der Franzose trinkt seinen Kaffee aus einer Schüssel, tief und weit wie ein Tal, in das sich der Kaffee wasserfallartig ergießt. Erdgeschichtliche Vorgänge in der Kaffeeschale. Es muss ein Gefühl von weltumspannender Großzügigkeit sein, das der Franzose schon am Morgen mit dem Kaffee zu sich nimmt. Eine Tasse, so unendlich viel größer als der menschliche Mund.

So ähnlich verhält es sich ja ganz am Anfang des Lebens mit der weiblichen Brust, die so unendlich viel größer ist als der Kindermund.

Aber der deutsche Tourist muss noch etwas lernen. Andere Länder, andere Sitten. Sein Brot in den Kaffee zu tunken ist in Deutschland verpönt. Das machen nur Bauern und arme Leute. Bürgerkindern wird so etwas früh abgewöhnt. Etwa weil es so lecker ist?

DIE SCHULTÜTE

Zum ersten Schultag in Deutschland gehört das obligate Foto des stolzen Erstklässlers. Und was hält der ABC-Schütze strahlend in die Kamera? Die **schultüte**, die jedes deutsche Kind zur Einschulung bekommt, denn dieser wichtige Schritt muss gebührend gefeiert und auch ein wenig versüßt werden.

Die Eltern können eine Schultüte kaufen. Viel schicker ist es jedoch, die Tüte selbst zu basteln, aus bunter Pappe, Krepp-Papier, farbigen Gummibändern und einer hübschen Schleife zum Zubinden. Dann wird sie unter strengster Geheimhaltung gefüllt: mit allerlei notwendigem Schulzubehör wie Federmäppchen, Buntstiften, Radiergummi und Bleistiftspitzer, aber natürlich auch allen Arten von Süßigkeiten und Bonbons.

Die Geschichte der Schultüte begann Anfang des 19. Jahrhunderts, als man in Sachsen und Thüringen den Kindern bei ihrer Einschulung spitze Tüten schenkte, die mit Trockenfrüchten und Süßigkeiten gefüllt waren. Damals überreichten die Eltern die Schultüte dem Schulmeister, der sie an einem Zuckertütenbaum aufhängte – einer Art Baum aus Draht, den man einmal im Jahr vom Speicher holte. Die Kinder mussten dann versuchen, ihre Tüte zu ergattern.

Später breitete sich der Brauch in ganz Deutschland aus. Form und Inhalt der Schultüte haben sich seither kaum verändert, abgesehen von Notzeiten wie jener unmittelbar nach dem Krieg, als die Eltern die Schultüten mit Papier ausstopften und die wenigen Süßigkeiten, die sie auftreiben konnten, dazwischenlegten. **C.D.**

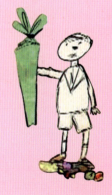

DAS GUMMIBÄRCHEN

Schauen wir uns einen wesentlichen Bestandteil der deutschen Kultur an: **das gummibärchen**. Es wurde 1920 von **Ha**ns **Ri**egel in der Nähe von **Bo**nn erfunden, daher der Name **Haribo**. Jetzt höre ich die Franzosen entrüstet rufen: »Wir haben doch auch Gummibärchen!« Das stimmt zwar, aber während das französische Gummibärchen ein kümmerliches Dasein im Schatten des **carambar** und der **Fraise Tagada** fristet, ist sein deutscher Bruder ein richtiger Star. Welcher Franzose weiß schon, dass es neben der D-Mark und dem Euro schon immer eine geheime Zweitwährung gab, nämlich das Gummibärchen? Eine Spritze beim Doktor zum Beispiel ist mindestens fünf Gummibärchen wert, eine Eins in Mathe sogar acht, Zimmer aufräumen nicht weniger als fünf und Flöte üben mindestens vier.

 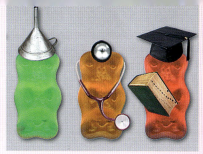  

Gummibärchenentzug hingegen ist eine folgenschwere pädagogische Maßnahme, auf die man in Deutschland nur in gravierenden Fällen zurückgreift.

Über Gummibärchen werden sogar weitreichende wissenschaftliche Studien betrieben – ob im Bereich der Psychologie, der Medizin, der Linguistik oder der Paläontologie. So gibt es zum Beispiel eine Abhandlung über den »Einfluss der Tütenzugehörigkeit auf das Sozialverhalten der Gummibärchen« oder das Forschungsprojekt eines renommierten Paläontologen der Universität Würzburg, der 1997 Gummibärchenfossilien in Unterfranken entdeckte.

Gewiss stellt Haribo auch in Frankreich Gummibärchen her, aber die haben nichts mit unseren gemein. Abgesehen von einigen Abweichungen in Farbe und Größe gibt es folgende fundamentale Unterschiede: Das deutsche Gummibärchen ist weniger süß, es ist bissfester und knackiger. Machen Sie die Probe und überzeugen Sie sich selbst: Das Ur-Gummibärchen kommt aus Deutschland. **R.V.-K.**

DAS ZIGARETTENPAPIER
LE PAPIER À CIGARETTES

Der Unterschied steckt oft in den kleinsten Details. Nehmen wir zum Beispiel das Zigarettenpapier der Marke OCB. In Frankreich ist die meistverkaufte Sorte die Nummer 4, in Deutschland ist es die Nummer 4 Bis mit ihrem etwas dickeren Papier. Obwohl ich Französin bin, ist mir das deutsche Papier viel lieber. Erstens brennt es besser: Man muss nicht dauernd die Zigarette neu anzünden, wie es die Franzosen tun. Zweitens schmeckt das deutsche Papier milder und nicht so bitter wie manche der dünneren französischen Papiere. Fragen Sie mich nicht, warum.

Drittens – und das hat direkt mit der Dicke des Papiers zu tun – bleibt der Zigarettenstummel weiß und wird nicht grau und unansehnlich.

Aber den in meinen Augen wichtigsten Unterschied habe ich bis zum Schluss aufgehoben. Wenn man aus einem französischen Päckchen alle Blätter herauszieht, ist es am Ende ganz einfach leer, und das war's. Machen wir dasselbe mit einem deutschen Päckchen. Ich ziehe, ziehe, ziehe, und – siehe da! – es erscheint ein farbiges Blatt, rosa, grün, orange oder blau, das mich warnt: Achtung, nur noch fünf Blättchen! Es gibt sogar folgendes kleine Ritual: Man stellt das farbige Blättchen senkrecht hin, steckt es an, und – wusch – wenn es hochfliegt, darf man sich was wünschen! Hübsch, nicht wahr? Besser noch als das kleine Spiel finde ich aber, dass es diese Ankündigung überhaupt gibt. Tja, in Deutschland ist man eben gern vor Überraschungen sicher, man plant lieber im Voraus: Das ist wunderbar beruhigend. **C.D.**

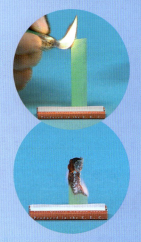

DEUTSCHLAND/FRANCE
DEUTSCHLAND/FRANCE
DEUTSCHLAND/FRANCE
DEUTSCHLAND/FRANCE
DEUTSCHLAND/FRANCE
DEUTSCHLAND/FRANCE
DEUTSCHLAND/FRANCE
DEUTSCHLAND/FRANCE
DEUTSCHLAND/FRANCE
DEUTSCHLAND/FRANCE
DEUTSCHLAND/FRANCE
DEUTSCHLAND/FRANCE
DEUTSCHLAND/FRANCE
DEUTSCHLAND/FRANCE
DEUTSCHLAND/FRANCE
DEUTSCHLAND/FRANCE
DEUTSCHLAND/FRANCE
DEUTSCHLAND/FRANCE
DEUTSCHLAND/FRANCE
DEUTSCHLAND/FRANCE
DEUTSCHLAND/FRANCE
DEUTSCHLAND/FRANCE
DEUTSCHLAND/FRANCE
DEUTSCHLAND/FRANCE
DEUTSCHLAND/FRANCE
DEUTSCHLAND/FRANCE
DEUTSCHLAND/FRANCE
DEUTSCHLAND/FRANCE
DEUTSCHLAND/FRANCE
DEUTSCHLAND/FRANCE
DEUTSCHLAND/FRANCE
DEUTSCHLAND/FRANCE
DEUTSCHLAND/FRANCE
DEUTSCHLAND/FRANCE
DEUTSCHLAND/FRANCE
DEUTSCHLAND/FRANCE
DEUTSCHLAND/FRANCE
DEUTSCHLAND/FRANCE
DEUTSCHLAND/FRANCE
DEUTSCHLAND/FRANCE
DEUTSCHLAND/FRANCE

DAS RÄTSEL LA DEVINETTE

LÖSUNG: SEITE 186

DEUTSCHLAND/FRANCE
DEUTSCHLAND/FRANCE
DEUTSCHLAND/FRANCE

DAS RÄTSEL   LA DEVINETTE

DEUTSCHLAND/FRANCE
DEUTSCHLAND/FRANCE
DEUTSCHLAND/FRANCE
DEUTSCHLAND/FRANCE
DEUTSCHLAND/FRANCE
DEUTSCHLAND/FRANCE
DEUTSCHLAND/FRANCE
DEUTSCHLAND/FRANCE
DEUTSCHLAND/FRANCE
DEUTSCHLAND/FRANCE
DEUTSCHLAND/FRANCE
DEUTSCHLAND/FRANCE
DEUTSCHLAND/FRANCE
DEUTSCHLAND/FRANCE
DEUTSCHLAND/FRANCE
DEUTSCHLAND/FRANCE
DEUTSCHLAND/FRANCE
DEUTSCHLAND/FRANCE
DEUTSCHLAND/FRANCE
DEUTSCHLAND/FRANCE
DEUTSCHLAND/FRANCE
DEUTSCHLAND/FRANCE
DEUTSCHLAND/FRANCE
DEUTSCHLAND/FRANCE
DEUTSCHLAND/FRANCE
DEUTSCHLAND/FRANCE
DEUTSCHLAND/FRANCE
DEUTSCHLAND/FRANCE
DEUTSCHLAND/FRANCE
DEUTSCHLAND/FRANCE
DEUTSCHLAND/FRANCE
DEUTSCHLAND/FRANCE
DEUTSCHLAND/FRANCE
DEUTSCHLAND/FRANCE
DEUTSCHLAND/FRANCE
DEUTSCHLAND/FRANCE
DEUTSCHLAND/FRANCE
DEUTSCHLAND/FRANCE
DEUTSCHLAND/FRANCE
DEUTSCHLAND/FRANCE
DEUTSCHLAND/FRANCE

LÖSUNG: SEITE 186

DEUTSCHLAND/FRANCE
DEUTSCHLAND/FRANCE
DEUTSCHLAND/FRANCE

DEUTSCHLAND/FRANCE
DEUTSCHLAND/FRANCE
DEUTSCHLAND/FRANCE
DEUTSCHLAND/FRANCE
DEUTSCHLAND/FRANCE
DEUTSCHLAND/FRANCE
DEUTSCHLAND/FRANCE
DEUTSCHLAND/FRANCE
DEUTSCHLAND/FRANCE
DEUTSCHLAND/FRANCE
DEUTSCHLAND/FRANCE
DEUTSCHLAND/FRANCE
DEUTSCHLAND/FRANCE
DEUTSCHLAND/FRANCE
DEUTSCHLAND/FRANCE
DEUTSCHLAND/FRANCE
DEUTSCHLAND/FRANCE
DEUTSCHLAND/FRANCE
DEUTSCHLAND/FRANCE
DEUTSCHLAND/FRANCE
DEUTSCHLAND/FRANCE
DEUTSCHLAND/FRANCE
DEUTSCHLAND/FRANCE
DEUTSCHLAND/FRANCE
DEUTSCHLAND/FRANCE
DEUTSCHLAND/FRANCE
DEUTSCHLAND/FRANCE
DEUTSCHLAND/FRANCE
DEUTSCHLAND/FRANCE
DEUTSCHLAND/FRANCE
DEUTSCHLAND/FRANCE
DEUTSCHLAND/FRANCE
DEUTSCHLAND/FRANCE
DEUTSCHLAND/FRANCE
DEUTSCHLAND/FRANCE
DEUTSCHLAND/FRANCE
DEUTSCHLAND/FRANCE
DEUTSCHLAND/FRANCE
DEUTSCHLAND/FRANCE
DEUTSCHLAND/FRANCE
DEUTSCHLAND/FRANCE
DEUTSCHLAND/FRANCE

LÖSUNG: SEITE 186

DEUTSCHLAND/FRANCE
DEUTSCHLAND/FRANCE
DEUTSCHLAND/FRANCE

DAS RÄTSEL LA DEVINETTE

Die FRANZÖSISCHE VERTEIDIGUNGS-MINISTERIN

Michèle Alliot-Marie, **von Axel Kufus**

Mir fällt als Erstes auf, dass dieses Zimmer ganz und gar von Tradition durchdrungen ist. Schon unter Napoleon hatten die Kriegsminister hier ihr Büro, und tatsächlich strahlt der ganze Raum die Atmosphäre einer anderen Epoche aus.

Schauen Sie sich nur einmal die goldenen Verzierungen an den Wänden, die Spiegel, den prächtigen Kronleuchter und den riesigen Teppich mit den floralen Mustern an. Der Schreibtisch hingegen, der Arbeitsplatz der Ministerin, wirkt gar nicht monumental. Natürlich stehen hinter dem Tisch die beiden Flaggen: Früher gab es nur die Trikolore, jetzt ist die Europaflagge hinzugekommen. Sie bilden sozusagen den Hintergrund.

Der Schreibtisch wirkt sehr unpersönlich: keine Fotos von den Liebsten, keine persönlichen Gegenstände. Nichts deutet darauf hin, dass hier eine Frau arbeitet – obwohl sie womöglich die einzige Frau der Welt ist, die eine solche Funktion innehat.

Auf dem Kamin prunkt ein riesiger Ammonit. Diese Schnecke steht in meinen Augen für den ganzen Raum, denn die Tradition wirkt hier in gewisser Weise versteinert.

Wenn man Verteidigungsminister von Frankreich wird, betritt man einen Bereich, auf dem sehr viel Geschichte lastet, und ich glaube nicht, dass man genügend Macht hat, ihn zu verändern. Vielmehr versucht man, sich einzufügen, und deswegen ist das Büro auch so sparsam ausgestattet, und nur wenige Details deuten auf die heutige Zeit hin.

DAS BÜRO LE BUREAU

Der DEUTSCHE VERTEIDIGUNGSMINISTER

Peter Struck, von Brice d'Antras

Etwas sticht in diesem Büro sofort ins Auge: nicht die Fahne selbst, sondern der Platz, an dem sie steht. Sie befindet sich nicht hinter dem Schreibtisch, sondern davor. Sie soll nicht dem Ruhm des Ministerpostens Nachdruck verleihen, sondern den Minister an seine Aufgaben und Pflichten erinnern.

In diesem Büro finden einerseits bürgerliche Werte ihren Ausdruck – wie in dem Mobiliar aus Mahagoni, im 19. Jahrhundert ein Symbol für Erfolg –, andererseits aber auch kleinbürgerliche Werte: Strenge, Geborgenheit. Unter dem Konferenztisch zum Beispiel liegt ein Teppich, der keinerlei dekorative Funktion hat, sondern nur dazu dient, das Parkett zu schonen.

Wir sind hier bei einem guten Familienvater, der sich schlicht und unprätentiös eingerichtet hat mit seinen kleinen, persönlichen Gegenständen, seinen Steckenpferden: der Pfeifensammlung, den Motorradmodellen, dem Schachspiel – vielleicht eine Anspielung auf das strategische Geschick eines Verteidigungsministers.

Diese Elemente haben sich nach und nach zusammengefügt wie Schichten eines Lebens und spiegeln die Unordnung, die der Alltag jedes Einzelnen mit sich bringt. Diese etwas einfallslose, onkelhafte Einrichtung ist furchtbar langweilig, doch sie ist warmherzig, menschlich und gemütlich. Dieses so nett wirkende Büro ist das Arbeitszimmer des deutschen Verteidigungsministers. Es steht gewissermaßen sinnbildlich für seine Aufgabe: die Bundeswehr in den Augen der Welt sympathisch zu machen.

Die DEUTSCHE JUSTIZMINISTERIN

Brigitte Zypries, von Brice d'Antras

Das Erstaunlichste in diesem Raum ist zweifelsohne dieser Ball, ein Gymnastikball. Was hat ein Gymnastikball in einem Ministerbüro zu suchen? Er ist kein dekoratives Objekt, auch kein Kunstwerk. Nein, die Justizministerin hüpft auf ihrem Ball herum und macht darauf ganz selbstverständlich ihre Übungen.

In diesem Raum, den keine Trennwand unterteilt, herrscht eine gewisse Freiheit.

Es gibt hier keine gesonderten Bereiche für die Gymnastik, für die Arbeit, um Gäste zu empfangen, für die Kultur – alles vermischt sich miteinander.

In diesem Büro, das ja nicht irgendeines ist, sondern immerhin das der deutschen Justizministerin, ist deutlich das Erbe der alternativen siebziger Jahre zu spüren.

Auf der Ablage neben dem Schreibtisch der Ministerin herrscht ein Durcheinander, das ich ausgesprochen sympathisch finde.

Und die Tatsache, dass sie es sogar fotografieren lässt, beweist ihre geistige Aufgeschlossenheit. Ihr ist egal, was die anderen denken.

Das fast leere Regal entlang der Wand dient vor allem dazu, den Raum zu gliedern, und nicht etwa, Wissen auszubreiten. In einer solchen Umgebung möchte man gerne arbeiten.

Betrachten Sie die Stühle, die die Ministerin für ihre Besucher ausgewählt hat: Stellen wir uns einmal den hohen Beamten in seinem tadel-

losen, gebügelten dunklen Anzug vor, der sich da draufsetzt, auf dieses Ding mit den Spinnenbeinen und – noch verwirrender – einer beweglichen Sitzfläche. Mit Sicherheit hat die Ministerin ihr Büro ganz bewusst so eingerichtet.

Sie nimmt sich nicht zurück. Dieses Büro strahlt etwas sehr Menschliches aus, und vermutlich wagt oder schafft es nur selten ein Minister, sich so weit von den Normen für ein Ministerbüro abzusetzen.

In Frankreich legt die Justiz großen Wert auf Etikette, um sich eine besondere Weihe zu geben. Hier ist die Justiz von Menschen für Menschen gemacht.

Der FRANZÖSISCHE PREMIERMINISTER

Jean-Pierre Raffarin, von Axel Kufus

Der Premierminister residiert in einem wunderbaren Raum des Hôtel Matignon, seines Amtssitzes. Die Wände sind mit Ornamenten bedeckt, und über jeder Tür sieht man Bilder mit idyllischen Naturszenen, mit frohen Menschen, denen es anscheinend sehr gut geht. Das entspricht dem deutschen Klischee: **leben wie Gott in Frankreich**. Auch der Blick, den man vom Büro in den Garten hat, ist herrlich.

Das Mobiliar, das sich der Premier ausgesucht hat, passt allerdings überhaupt nicht zu diesem Raum. Wie kann man bloß einen derart klobigen Schreibtisch vor eine so kostbare Wand stellen? Und dann noch so nah dran! Vielleicht ist der Schreibtisch deswegen so seltsam eingebuchtet. Irgendwie muss sich der Premierminister ja dahintersetzen.

Und dann diese zwei Hocker, zwei eigenartige graue Wesen, die sich unter die große Schreibtischplatte ducken. Was für eine seltsame Figur gibt wohl der Sekretär ab, der zum Diktat auf einem solchen Hocker sitzen muss? Vor allem im Verhältnis zur Höhe des Chefsessels!

Für Gespräche ist ein Platz vor dem Kamin vorgesehen. Der Kamin ist der Blickfang der Gesprächsrunde.

DAS BÜRO LE BUREAU

Was dabei irritiert, ist die Nachbarschaft zu einem großen, schwarzen Fernseher. Ist das der Kamin von heute? Mit einer Anziehungskraft, wie sie früher das Feuer hatte?

Auf einem der merkwürdigen Beistelltische stehen drei Flugzeugmodelle: Männerspielzeug.

Ansonsten gibt es in diesem Raum keine persönlichen Gegenstände. Und weil die Einrichtung nicht mit dem Raum harmoniert, erscheint das Ganze unpersönlich und wuchtig. Es lässt auf keine besonders großzügige oder lockere Einstellung schließen.

Der DEUTSCHE FINANZMINISTER

Hans Eichel, von Brice d'Antras

Mir fällt an diesem Büro die betonte Bescheidenheit auf. Sie überrascht im Büro eines Finanzministers, eines Mannes also, der sehr viel Macht hat. Äußerst spärliches Mobiliar: Ein schlichter Tisch dient ihm als Pult, und dasselbe Modell steht im Konferenzbereich. Auch die Stühle sind alle gleich; der des Ministers hat lediglich eine etwas höhere Lehne. Ein Fernseher, weiter nichts. Keine Lampen, keine Beistelltische, gar nichts. Diese Bescheidenheit ist jedoch keinesfalls Ausdruck von Schwäche. Das Design der Möbel ist perfekt.

Das Büro des Ministers ist eine Mönchszelle. Alle Gegenstände sind reine Arbeitsmittel und sollen ihn auf keinen Fall ablenken. Der Minister muss die Finanzen, den Etat verwalten. Für Gefühle ist da kein Platz. Einzige Ausnahme: die Schweinchensammlung, die seinen Schreibtisch ziert. Sie ist dort ausgestellt wie die Sünde im Reich der Tugend. Plötzlich flackert eine menschliche Regung auf in diesem ausschließlich auf die Arbeit ausgerichteten Rahmen. Es sind Sparschweine, die den Minister dazu ermahnen, den Staatshaushalt sparsam und seriös zu ver-

DAS BÜRO LE BUREAU

walten – diese Seriosität wird jedoch untergraben von der Geschmacklosigkeit und Ironie einer solchen Sammlung.

Ob es in Deutschland wohl eine Norm für Ministerbüros gibt? Mir scheint, die Besonderheit eines deutschen Ministerbüros ist die, dass es keine Besonderheit hat. Kein nationales Emblem, keine Flagge. Die französische Tradition verlangt, dass sich der Minister durch sein Prestige durchsetzt. In Deutschland führen Effizienz und Verfügbarkeit zu Prestige. Einen französischen Minister kann ich mir in dieser Umgebung nicht vorstellen.

Der FRANZÖSISCHE KULTURMINISTER

Jean-Jacques Aillagon, von Axel Kufus

Der Raum ist reich geschmückt. Überall vergoldete Ornamente. Ich kenne die Symbolik der einzelnen Motive selbst schon gar nicht mehr. Wir scheinen diese Sprache alle irgendwie verlernt zu haben. Daher finde ich es sehr interessant, dass der Kulturminister sein Büro nach wie vor in diesen Räumen hat. Man hat es gewagt, in dieses mächtige Ambiente zeitgenössisches Design zu integrieren: Das scheint mir gut gelungen. Es ist mit viel Feingefühl gemacht worden. Der Schreibtisch zum Beispiel hat die kühne Form einer dynamischen Spirale, und doch strahlt dieser Tisch eine gewisse Ruhe aus.

Der Stuhl gefällt mir: Das ist kein Chefsessel, sondern ein italienischer Lederstuhl, sehr raffiniert, ohne Rollen – keine universelle Arbeitsmaschine, sondern ein einfacher Stuhl.

Auch der Konferenzbereich ist interessant und ungewöhnlich gestaltet, die Atmosphäre ist entspannt. Der Tisch wird von einer zauberhaften Balance getragen. Der Sockel steht nicht im Zentrum, ist jedoch massiv genug, um die Platte zu halten. Ein sehr schönes Arrangement. Der Raum strahlt eine gewisse Leichtigkeit aus. Hier geht es nicht um die Inszenierung von Macht, sondern um etwas viel Spielerischeres.

Der Raum hat etwas Sinnliches, er ist üppig dekoriert und auf stimmungsvolle Weise mit zeitgenössischem Design ergänzt. Eine wunderbare Atmosphäre.

DAS BÜRO   LE BUREAU

DER BUNDESTAG

Beobachten wir, was in den zwanzig Minuten geschieht, bevor eine Sitzung im Bundestag in Berlin und in der Assemblée nationale in Paris beginnt.

In Berlin: Der Raum vor dem Plenarsaal ist leer, nur ein paar Leute kommen und gehen.

L'ASSEMBLÉE NATIONALE

In Paris marschieren die Soldaten der Garde républicaine in der Wandelhalle auf. Eine seltsame Choreografie läuft ab, die bis in alle Einzelheiten perfekt koordiniert zu sein scheint. Weiße Handschuhe geben geheimnisvolle Zeichen. Glänzende Lederstiefel reihen sich auf polierten Fliesen auf. Sie orientieren sich dabei an Punkten, die allein sie kennen. Millimeterarbeit.

Im Bundestag ertönt nun eine Klingel. Der Bundestagspräsident Wolfgang Thierse erscheint in Begleitung des Verwaltungsdirektors in der Halle. Die beiden Männer bleiben stehen und warten geduldig, bis die Sitzung beginnt.

In Deutschland: äußerste Nüchternheit. Der Bundestagspräsident wartet wie jeder Normalsterbliche so gut wie allein auf den Beginn der Sitzung. Kein besonderes Zeremoniell außer der Pünktlichkeit. Nichts, was den Eindruck erwecken könnte, dass dieser Abgeordnete über den anderen stehen könnte. Selbstdarstellung des modernen Deutschlands: Der Chef hat keine Sonderstellung.

In Frankreich klingelt es jetzt auch. Das Ehrenspalier ist perfekt.

Jean-Louis Debré, der Präsident der Assemblée nationale, erscheint wohl jetzt? Ach nein, es ist nur die Generalprobe des Zeremoniells, das jeder Sitzung vorausgeht. Dieses tägliche, veraltete Ritual hat einen hohen Symbolwert. Mit dieser Geste demonstriert die französische Armee den Repräsentanten des Volkes, den Abgeordneten, ihre Ergebenheit. Die Nationalversammlung erinnert die Armee daran, dass sie im Dienst der Nation steht.

Frankreich, Deutschland: zwei gegensätzliche Inszenierungen einer Demokratie. Lassen wir die beiden Präsidenten in den Plenarsaal einziehen: den einen in Stille, den anderen unter Trommelwirbeln. **C.D.**

DIE NEUJAHRSANSPRACHEN

Zum Jahreswechsel richten sich der französische Präsident, der deutsche Bundeskanzler und der Bundespräsident mit einer Fernsehansprache an ihre Nation. Untersuchen wir einmal, wie diese Neujahrsansprachen in Szene gesetzt werden.

In Frankreich hört man die Nationalhymne, die Trikolore weht stolz im Wind. Der Präsident erscheint im Bild. Links von ihm sieht man die französische und die europäische Flagge, innig miteinander verbunden. Im Hintergrund erkennt man durch eine Fensterscheibe den kunstvoll erleuchteten Garten des Elyséepalastes. Dahinter erahnt man die Stadt. Den Präsidenten sieht man in einer halbnahen Einstellung, die während der ganzen Ansprache unverändert bleibt. Jacques Chirac bewegt sich viel: Die Hände sind mal im Bild, mal außerhalb. Er hebt und senkt beim Reden die Schultern. Diese Beweglichkeit lässt den Schluss zu, dass der Präsident steht und sich dabei auf ein Pult stützt. Die feierliche Schlichtheit und der Verzicht auf künstliche Effekte lassen den Präsidenten sehr selbstsicher erscheinen. Er liest seine Ansprache von einem Teleprompter ab und spricht neun Minuten lang ohne Unterbrechung.

Der Bundeskanzler Gerhard Schröder richtet sich genau wie sein französischer Amtskollege am 31. Dezember an seine Landsleute.

Keine Nationalhymne vorab, sondern eine sachliche Ankündigung durch einen Fernsehmoderator vor einem Bild des Kanzleramtes. Der Kanzler sitzt unbeweglich und etwas steif da. Im Hintergrund erkennt man durch eine Scheibe das Reichstagsgebäude.

Doch plötzlich bewegt sich der Hintergrund, und der Reichstag verschwindet langsam aus dem Bild. Der Kanzler verändert seine Haltung vor der Kamera nicht. Zweifellos bewegen sich Kanzler und Kamera gleichzeitig, entweder auf einer Drehscheibe oder in einem Wagen auf Schienen.

Inmitten all dieser Bewegungen bleibt der Kanzler völlig ungerührt, die Augen auf den Teleprompter fixiert und die Hände brav auf die Knie gelegt.

Wahrscheinlich haben die Imageberater des Kanzlers dieses komplizierte Arrangement ausgetüftelt, um die Ansprache lebendiger zu machen. Aber hat diese ganze Umtriebigkeit dem Kanzler tatsächlich das Gefühl vermittelt, freier zu sein in Gestik, Ausdruck und Blick? Das mag man bezweifeln.

 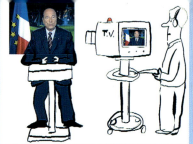  

Gegen Ende der Rede: Kamerafahrt zurück Richtung Reichstag. Weder Flagge noch Nationalhymne bei dieser Ansprache, die sechseinhalb Minuten dauert.

Bundespräsident Johannes Rau hält seine Ansprache nicht am Jahresende, sondern am ersten Weihnachtsfeiertag. Sie wird ohne Musikuntermalung vor seinem Wohnsitz Schloss Bellevue von einem Sprecher angekündigt.

Rechts die deutsche Flagge mit dem Bundesadler, die Standarte des Bundespräsidenten. Sie ist nicht lange zu sehen, denn der Bildausschnitt verengt sich, bis sie schließlich verschwindet.

Im Hintergrund Bücher. Man hat den Eindruck, der Bundespräsident ist zu Hause, vor seinem Bücherregal, und die Bücher sollen verdeutlichen, dass der Präsident eher ein Mann des Wortes als ein Mann der Tat ist. Anders als in Frankreich ist der Bundespräsident kein Organ der Exekutive, sondern vor allem eine moralische Instanz.

Weihnachtsansprache

DAS RITUAL **LE RITUEL**

Links ein Weihnachtsgesteck mit Kerze, Ausdruck der christlichen und traditionellen Bedeutung des Weihnachtsfestes. Der Bundespräsident wünscht uns **ein gesegnetes weihnachtsfest**. Kein französischer Präsident würde jemals so etwas sagen. Denn in Frankreich ist die Trennung von Kirche und Staat ein Grundprinzip der Republik.

Johannes Rau spricht als Landesvater, von Mensch zu Mensch, nicht als Politiker. Zweimal, am Anfang und am Ende seiner Ansprache, sagt er: **meine Frau und ich**. Die Flagge kommt am Schluss wieder ins Bild und erinnert an die Funktion des Mannes, der sich so freundlich an uns gewandt hat. Johannes Rau hat sechseinhalb Minuten gesprochen.

Der Kanzler und der französische Präsident beenden ihre Reden mit Wünschen für das neue Jahr. Jacques Chirac fügt noch diese Worte hinzu, die jede Ansprache eines französischen Präsidenten abschließen: **vive la République, vive la France!** – »Es lebe die Republik, es lebe Frankreich!« **C.D.**

DEUTSCHLAND/FRANCE
DEUTSCHLAND/FRANCE
DEUTSCHLAND/FRANCE
DEUTSCHLAND/FRANCE
DEUTSCHLAND/FRANCE
DEUTSCHLAND/FRANCE
DEUTSCHLAND/FRANCE
DEUTSCHLAND/FRANCE
DEUTSCHLAND/FRANCE
DEUTSCHLAND/FRANCE
DEUTSCHLAND/FRANCE
DEUTSCHLAND/FRANCE
DEUTSCHLAND/FRANCE
DEUTSCHLAND/FRANCE
DEUTSCHLAND/FRANCE
DEUTSCHLAND/FRANCE
DEUTSCHLAND/FRANCE
DEUTSCHLAND/FRANCE
DEUTSCHLAND/FRANCE
DEUTSCHLAND/FRANCE
DEUTSCHLAND/FRANCE
DEUTSCHLAND/FRANCE
DEUTSCHLAND/FRANCE
DEUTSCHLAND/FRANCE
DEUTSCHLAND/FRANCE
DEUTSCHLAND/FRANCE
DEUTSCHLAND/FRANCE
DEUTSCHLAND/FRANCE
DEUTSCHLAND/FRANCE
DEUTSCHLAND/FRANCE
DEUTSCHLAND/FRANCE
DEUTSCHLAND/FRANCE
DEUTSCHLAND/FRANCE
DEUTSCHLAND/FRANCE
DEUTSCHLAND/FRANCE
DEUTSCHLAND/FRANCE
DEUTSCHLAND/FRANCE
DEUTSCHLAND/FRANCE
DEUTSCHLAND/FRANCE
DEUTSCHLAND/FRANCE
DEUTSCHLAND/FRANCE

LÖSUNG: SEITE 186

DEUTSCHLAND/FRANCE
DEUTSCHLAND/FRANCE
DEUTSCHLAND/FRANCE

DAS RÄTSEL LA DEVINETTE

DEUTSCHLAND/FRANCE
DEUTSCHLAND/FRANCE
DEUTSCHLAND/FRANCE
DEUTSCHLAND/FRANCE
DEUTSCHLAND/FRANCE
DEUTSCHLAND/FRANCE
DEUTSCHLAND/FRANCE
DEUTSCHLAND/FRANCE
DEUTSCHLAND/FRANCE
DEUTSCHLAND/FRANCE
DEUTSCHLAND/FRANCE
DEUTSCHLAND/FRANCE
DEUTSCHLAND/FRANCE
DEUTSCHLAND/FRANCE
DEUTSCHLAND/FRANCE
DEUTSCHLAND/FRANCE
DEUTSCHLAND/FRANCE
DEUTSCHLAND/FRANCE
DEUTSCHLAND/FRANCE
DEUTSCHLAND/FRANCE
DEUTSCHLAND/FRANCE
DEUTSCHLAND/FRANCE
DEUTSCHLAND/FRANCE
DEUTSCHLAND/FRANCE
DEUTSCHLAND/FRANCE
DEUTSCHLAND/FRANCE
DEUTSCHLAND/FRANCE
DEUTSCHLAND/FRANCE
DEUTSCHLAND/FRANCE
DEUTSCHLAND/FRANCE
DEUTSCHLAND/FRANCE
DEUTSCHLAND/FRANCE
DEUTSCHLAND/FRANCE
DEUTSCHLAND/FRANCE
DEUTSCHLAND/FRANCE
DEUTSCHLAND/FRANCE
DEUTSCHLAND/FRANCE
DEUTSCHLAND/FRANCE
DEUTSCHLAND/FRANCE
DEUTSCHLAND/FRANCE

LÖSUNG: SEITE 186

DEUTSCHLAND/FRANCE
DEUTSCHLAND/FRANCE
DEUTSCHLAND/FRANCE

DAS RÄTSEL LA DEVINETTE

?

DEUTSCHLAND/FRANCE
DEUTSCHLAND/FRANCE
DEUTSCHLAND/FRANCE
DEUTSCHLAND/FRANCE
DEUTSCHLAND/FRANCE
DEUTSCHLAND/FRANCE
DEUTSCHLAND/FRANCE
DEUTSCHLAND/FRANCE
DEUTSCHLAND/FRANCE
DEUTSCHLAND/FRANCE
DEUTSCHLAND/FRANCE
DEUTSCHLAND/FRANCE
DEUTSCHLAND/FRANCE
DEUTSCHLAND/FRANCE
DEUTSCHLAND/FRANCE
DEUTSCHLAND/FRANCE
DEUTSCHLAND/FRANCE
DEUTSCHLAND/FRANCE
DEUTSCHLAND/FRANCE
DEUTSCHLAND/FRANCE
DEUTSCHLAND/FRANCE
DEUTSCHLAND/FRANCE
DEUTSCHLAND/FRANCE
DEUTSCHLAND/FRANCE
DEUTSCHLAND/FRANCE
DEUTSCHLAND/FRANCE
DEUTSCHLAND/FRANCE
DEUTSCHLAND/FRANCE
DEUTSCHLAND/FRANCE
DEUTSCHLAND/FRANCE
DEUTSCHLAND/FRANCE
DEUTSCHLAND/FRANCE
DEUTSCHLAND/FRANCE
DEUTSCHLAND/FRANCE
DEUTSCHLAND/FRANCE
DEUTSCHLAND/FRANCE
DEUTSCHLAND/FRANCE
DEUTSCHLAND/FRANCE
DEUTSCHLAND/FRANCE
DEUTSCHLAND/FRANCE
DEUTSCHLAND/FRANCE
DEUTSCHLAND/FRANCE

LÖSUNG: SEITE 186

DEUTSCHLAND/FRANCE
DEUTSCHLAND/FRANCE
DEUTSCHLAND/FRANCE

DAS RÄTSEL LA DEVINETTE

CAROTTE
CAROTTE
CAROTTE
CAROTTE
CAROTTE
CAROTTE
CAROTTE
CAROTTE
CAROTTE
CAROTTE
CAROTTE
CAROTTE
CAROTTE
CAROTTE
CAROTTE
CAROTTE
CAROTTE
CAROTTE
CAROTTE
CAROTTE
CAROTTE
CAROTTE
CAROTTE

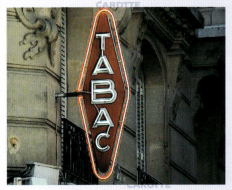

Tabakladen

CAROTTE
CAROTTE
CAROTTE
CAROTTE
CAROTTE
CAROTTE
CAROTTE
CAROTTE

ZIGARETTENAUTOMAT
ZIGARETTENAUTOMAT
ZIGARETTENAUTOMAT
ZIGARETTENAUTOMAT
ZIGARETTENAUTOMAT
ZIGARETTENAUTOMAT
ZIGARETTENAUTOMAT
ZIGARETTENAUTOMAT
ZIGARETTENAUTOMAT
ZIGARETTENAUTOMAT
ZIGARETTENAUTOMAT
ZIGARETTENAUTOMAT
ZIGARETTENAUTOMAT
ZIGARETTENAUTOMAT
ZIGARETTENAUTOMAT
ZIGARETTENAUTOMAT
ZIGARETTENAUTOMAT
ZIGARETTENAUTOMAT
ZIGARETTENAUTOMAT
ZIGARETTENAUTOMAT
ZIGARETTENAUTOMAT
ZIGARETTENAUTOMAT
ZIGARETTENAUTOMAT
ZIGARETTENAUTOMAT

DAS INVENTAR L'INVENTAIRE

DAS INVENTAR   L'INVENTAIRE

103

STROMKASTEN
STROMKASTEN
STROMKASTEN
STROMKASTEN
STROMKASTEN
STROMKASTEN
STROMKASTEN
STROMKASTEN
STROMKASTEN
STROMKASTEN
STROMKASTEN
STROMKASTEN
STROMKASTEN
STROMKASTEN
STROMKASTEN
STROMKASTEN
STROMKASTEN
STROMKASTEN
STROMKASTEN
STROMKASTEN
STROMKASTEN
STROMKASTEN
STROMKASTEN
STROMKASTEN
STROMKASTEN
STROMKASTEN
STROMKASTEN
STROMKASTEN
STROMKASTEN

DAS INVENTAR L'INVENTAIRE

105

TOILETTES
TOILETTES
TOILETTES
TOILETTES
TOILETTES
TOILETTES

TOILETTES
TOILETTES
TOILETTES
TOILETTES
TOILETTES
TOILETTES
TOILETTES
TOILETTES
TOILETTES
TOILETTES
TOILETTES
TOILETTES
TOILETTES
TOILETTES
TOILETTES
TOILETTES

DAS INVENTAR L'INVENTAIRE

107

IMBISSBUDE
IMBISSBUDE
IMBISSBUDE
IMBISSBUDE
IMBISSBUDE
IMBISSBUDE
IMBISSBUDE
IMBISSBUDE
IMBISSBUDE
IMBISSBUDE
IMBISSBUDE
IMBISSBUDE
IMBISSBUDE
IMBISSBUDE
IMBISSBUDE
IMBISSBUDE
IMBISSBUDE
IMBISSBUDE
IMBISSBUDE
IMBISSBUDE
IMBISSBUDE
IMBISSBUDE
IMBISSBUDE
IMBISSBUDE
IMBISSBUDE
IMBISSBUDE

BOUCHERIE CHEVALINE
BOUCHERIE CHEVALINE
BOUCHERIE CHEVALINE
BOUCHERIE CHEVALINE
BOUCHERIE CHEVALINE
BOUCHERIE CHEVALINE
BOUCHERIE CHEVALINE
BOUCHERIE CHEVALINE
BOUCHERIE CHEVALINE
BOUCHERIE CHEVALINE
BOUCHERIE CHEVALINE
BOUCHERIE CHEVALINE
BOUCHERIE CHEVALINE
BOUCHERIE CHEVALINE
BOUCHERIE CHEVALINE
BOUCHERIE CHEVALINE
BOUCHERIE CHEVALINE
BOUCHERIE CHEVALINE
BOUCHERIE CHEVALINE
BOUCHERIE CHEVALINE

BOUCHERIE CHEVALINE
BOUCHERIE CHEVALINE
BOUCHERIE CHEVALINE
BOUCHERIE CHEVALINE
BOUCHERIE CHEVALINE
BOUCHERIE CHEVALINE
BOUCHERIE CHEVALINE
BOUCHERIE CHEVALINE

DAS INVENTAR   L'INVENTAIRE

Pferdemetzgerei

DEUTSCHLAND/FRANCE
DEUTSCHLAND/FRANCE
DEUTSCHLAND/FRANCE
DEUTSCHLAND/FRANCE
DEUTSCHLAND/FRANCE
DEUTSCHLAND/FRANCE
DEUTSCHLAND/FRANCE
DEUTSCHLAND/FRANCE
DEUTSCHLAND/FRANCE
DEUTSCHLAND/FRANCE
DEUTSCHLAND/FRANCE
DEUTSCHLAND/FRANCE
DEUTSCHLAND/FRANCE
DEUTSCHLAND/FRANCE
DEUTSCHLAND/FRANCE
DEUTSCHLAND/FRANCE
DEUTSCHLAND/FRANCE
DEUTSCHLAND/FRANCE
DEUTSCHLAND/FRANCE
DEUTSCHLAND/FRANCE
DEUTSCHLAND/FRANCE
DEUTSCHLAND/FRANCE
DEUTSCHLAND/FRANCE
DEUTSCHLAND/FRANCE
DEUTSCHLAND/FRANCE
DEUTSCHLAND/FRANCE
DEUTSCHLAND/FRANCE
DEUTSCHLAND/FRANCE
DEUTSCHLAND/FRANCE
DEUTSCHLAND/FRANCE
DEUTSCHLAND/FRANCE
DEUTSCHLAND/FRANCE
DEUTSCHLAND/FRANCE
DEUTSCHLAND/FRANCE
DEUTSCHLAND/FRANCE
DEUTSCHLAND/FRANCE
DEUTSCHLAND/FRANCE
DEUTSCHLAND/FRANCE
DEUTSCHLAND/FRANCE
DEUTSCHLAND/FRANCE
DEUTSCHLAND/FRANCE

LÖSUNG: SEITE 186

DEUTSCHLAND/FRANCE
DEUTSCHLAND/FRANCE
DEUTSCHLAND/FRANCE

DAS RÄTSEL LA DEVINETTE

DEUTSCHLAND/FRANCE
DEUTSCHLAND/FRANCE
DEUTSCHLAND/FRANCE
DEUTSCHLAND/FRANCE
DEUTSCHLAND/FRANCE
DEUTSCHLAND/FRANCE
DEUTSCHLAND/FRANCE
DEUTSCHLAND/FRANCE
DEUTSCHLAND/FRANCE
DEUTSCHLAND/FRANCE
DEUTSCHLAND/FRANCE
DEUTSCHLAND/FRANCE
DEUTSCHLAND/FRANCE
DEUTSCHLAND/FRANCE
DEUTSCHLAND/FRANCE
DEUTSCHLAND/FRANCE
DEUTSCHLAND/FRANCE
DEUTSCHLAND/FRANCE
DEUTSCHLAND/FRANCE
DEUTSCHLAND/FRANCE
DEUTSCHLAND/FRANCE
DEUTSCHLAND/FRANCE
DEUTSCHLAND/FRANCE
DEUTSCHLAND/FRANCE
DEUTSCHLAND/FRANCE
DEUTSCHLAND/FRANCE
DEUTSCHLAND/FRANCE
DEUTSCHLAND/FRANCE
DEUTSCHLAND/FRANCE
DEUTSCHLAND/FRANCE
DEUTSCHLAND/FRANCE
DEUTSCHLAND/FRANCE
DEUTSCHLAND/FRANCE
DEUTSCHLAND/FRANCE
DEUTSCHLAND/FRANCE
DEUTSCHLAND/FRANCE
DEUTSCHLAND/FRANCE
DEUTSCHLAND/FRANCE
DEUTSCHLAND/FRANCE
DEUTSCHLAND/FRANCE

LÖSUNG: SEITE 186

DEUTSCHLAND/FRANCE
DEUTSCHLAND/FRANCE
DEUTSCHLAND/FRANCE

DAS RÄTSEL LA DEVINETTE

?

DEUTSCHLAND/FRANCE
DEUTSCHLAND/FRANCE
DEUTSCHLAND/FRANCE
DEUTSCHLAND/FRANCE
DEUTSCHLAND/FRANCE
DEUTSCHLAND/FRANCE
DEUTSCHLAND/FRANCE
DEUTSCHLAND/FRANCE
DEUTSCHLAND/FRANCE
DEUTSCHLAND/FRANCE
DEUTSCHLAND/FRANCE
DEUTSCHLAND/FRANCE
DEUTSCHLAND/FRANCE
DEUTSCHLAND/FRANCE
DEUTSCHLAND/FRANCE
DEUTSCHLAND/FRANCE
DEUTSCHLAND/FRANCE
DEUTSCHLAND/FRANCE
DEUTSCHLAND/FRANCE
DEUTSCHLAND/FRANCE
DEUTSCHLAND/FRANCE
DEUTSCHLAND/FRANCE
DEUTSCHLAND/FRANCE
DEUTSCHLAND/FRANCE
DEUTSCHLAND/FRANCE
DEUTSCHLAND/FRANCE
DEUTSCHLAND/FRANCE
DEUTSCHLAND/FRANCE
DEUTSCHLAND/FRANCE
DEUTSCHLAND/FRANCE
DEUTSCHLAND/FRANCE
DEUTSCHLAND/FRANCE
DEUTSCHLAND/FRANCE
DEUTSCHLAND/FRANCE
DEUTSCHLAND/FRANCE
DEUTSCHLAND/FRANCE
DEUTSCHLAND/FRANCE
DEUTSCHLAND/FRANCE
DEUTSCHLAND/FRANCE
DEUTSCHLAND/FRANCE

DAS RÄTSEL LA DEVINETTE

LÖSUNG: SEITE 186

DEUTSCHLAND/FRANCE
DEUTSCHLAND/FRANCE
DEUTSCHLAND/FRANCE

le canard					die Ente

LE CANARD von Hinrich Schmidt-Henkel

In Frankreich kommt die Ente, **le canard**, in die seltsamsten Situationen, sie kann sich in der Sprache wundersam verwandeln.

Wer einen **canard** isst, genießt ein in Kaffee oder Schnaps getauchtes Stück Zucker.

Wenn es sehr kalt ist, sprechen die Franzosen von einem **froid de canard**. Aber Achtung, **canard** ist hier ein Argot-Wort für **caniche**, »Pudel«. Und so ist **un froid de canard** letztendlich dasselbe wie die deutsche **Hundekälte**.

Wenn die Franzosen zu jemandem lieb und nett sein wollen, sagen sie nicht etwa **mein Spatz** oder **mein Häschen**, sondern – Sie ahnen es – »meine Ente«. Aber aufgepasst, sagen Sie das nicht auf Deutsch! Schlimmer als die **blöde Ente** wäre ja nur noch die **blöde Gans**. Aber auch auf Deutsch gibt es eine liebevolle Verwendung von **Ente**, nur gilt sie weder einem Tier noch einem Menschen, sondern einem Auto. Genau, die Rede ist von dem sagenumwobenen 2 CV, dem **citroën deux-chevaux**.

Und schließlich nennen die Franzosen auch ihre Tageszeitung liebevoll **canard**. Auf Deutsch hat die Zeitung mit dem Tier ja nur insofern zu tun, als bisweilen Falschmeldungen in ihr stehen: **Enten**.

Wie kommt der Vogel in die Zeitung?

Nun, aus dem Englischen. Dort steht unter einem Artikel manchmal die Abkürzung für **not testified**, unbestätigte Meldung. Und wenn man das Kürzel auf Deutsch laut liest, dann ergibt das: N – T, **Ente**.

DAS WORT LE MOT

BERLINERISCH von Hinrich Schmidt-Henkel

Nach dem Dreißigjährigen Krieg im 17. Jahrhundert kamen durch das Toleranzedikt des Großen Kurfürsten so viele Hugenotten aus Frankreich nach Preußen, dass einige Jahrzehnte später jeder vierte Einwohner Berlins französischer Abstammung war. Eine ganz erstaunliche Zahl! Berlin und seine Umgebung sind ja berühmt für die hinreißenden Entstellungen französischer Begriffe. Hier einige Beispiele:

Sie kennen sicher den **Muckefuck**. Das ist Kaffee-Ersatz, Zichorienkaffee, der statt des echten Kaffees getrunken wurde. Falscher Kaffee, *moka faux*, **Muckefuck**.

Muckefuck, den konnte jeder machen, das ging ganz schnell, mit flinker Hand. Die Hand, *la main* – auf Berlinerisch heißt sie **die Lamäng**, mit beiden Artikeln, **die** und *la*. **Die Chose mach' ich doch aus der Lamäng**, sagt der Berliner.

Auch die schwungvolle französische Gestik hat Eingang in diese Wendungen gefunden. Wenn etwas so richtig mit Elan und Schwung gemacht wird, sagt der Berliner: **mit avec**. **Mit mit**.

Wenn ein Franzose *bredouille* von der Jagd nach Hause kommt, dann heißt das, er hat nichts geschossen. Sie kennen bestimmt den Ausdruck: **Ich stecke in der Bredullje**. Da bedeutet das Wort etwas ganz anderes. *Bredouille*, das hieß auf Französisch früher Dreck, Schlamm. Eine Kutsche, die in der *bredouille* festgefahren war, kam nicht weiter. Wer heute sagt, er stecke in der Bredullje, hat große Probleme.

Die Bulette, der gebratene Fleischklops, französisch *la boulette*, ist aus der Berliner Küche nicht wegzudenken. Und wo isst man die **Bulette**? Na, in der **Buddicke** oder der **Destille**, berlinerisch für die urige Berliner Eckkneipe.

Wer dorthin geht, braucht sich gewiss nicht in Schale zu werfen – aber wer nach der letzten Mode gekleidet ist, der kriegt sicherlich mal zu hören: **na, du bist ja todschick**. **chic**, das ist französisch, aber **tod**? Zum Sterben schön gekleidet? Auch wieder entstelltes Französisch: **tu es tout chic**, du bist **ganz schick**, **tout chic**, **todschick**.

Wenn jemand watschelt wie eine Ente, sagt man, **der läuft ja über'n großen Onkel**, mit den Zehen nach innen. Der große Zeh, **le grand orteil**, heißt auf Französisch auch **le grand ongle**. **Le grand oncle**, **der große Onkel**, machte daraus der respektlose Berliner. Wein mit Wasser vermischt, das heißt auf Deutsch **schorle** oder **schorlemorle**. Das soll französisch sein? In der Tat geht es auf einen Trinkspruch zurück: **toujours l'amour!** Auf die Liebe allzeit! **toujours l'amour**, »tjourlamour«, **schorlemorle** – naja, nach ein paar Gläsern … Mein Lieblingstrinkspruch aber stammt aus dem norddeutschen Platt, aus Mecklenburg, wo die besseren Landmänner, um gutbürgerlich zu wirken, allerlei französische Wendungen imitierten. Aus dem schönen Trinkspruch **À ce que nous aimons!** – »Auf das, was wir lieben!« machten sie im 19. Jahrhundert: **knusemang!**

DAS WORT LE MOT

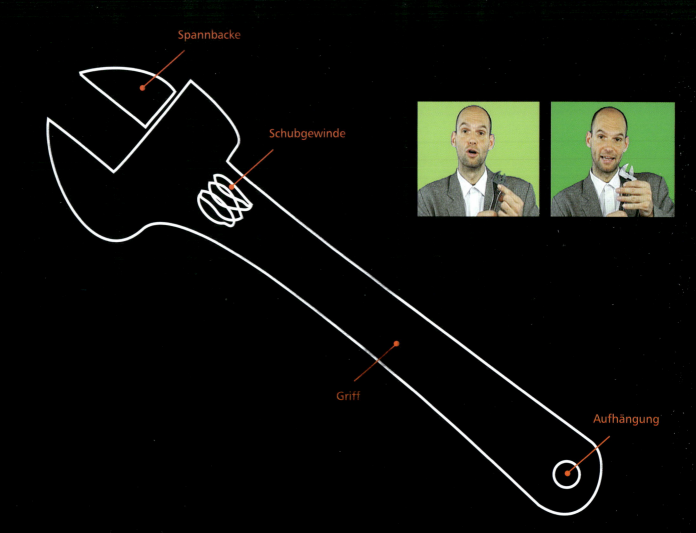

LA CLÉ ANGLAISE ETC. von Hinrich Schmidt-Henkel

Jeder kennt dieses praktische Werkzeug, eine Kombizange mit beweglichen Backen, wie es im Lexikon heißt. In Deutschland wie in Frankreich wird sie mit England in Verbindung gebracht. Dort heißt sie **Engländer** und **la clé anglaise**, der englische Schraubenschlüssel.

Keine Ahnung, wie es zu dieser Bezeichnung gekommen ist: Sind die Engländer etwa besonders begabte Bastler?

Die Wörterbücher geben darüber keine Auskunft.

Kurioserweise heißt dieses Gerät in den Gegenden Deutschlands, die an Frankreich grenzen, und auch in der Schweiz nicht **Engländer**, sondern **Franzos**!

Früher sagte man ja auch: **sich auf Englisch verabschieden**. Eine Redewendung, die man heute kaum mehr hört oder liest. Im Französischen ist sie noch sehr geläufig: **filer à l'anglaise** – wie übrigens auch im Italienischen: **filarsela all'inglese**. Sich einfach so ohne Abschied zu verdrücken, das ist unhöflich, gar keine Frage.

Die Engländer haben den Spieß sprachlich umgedreht, sie sagen: **to take a french leave**, etwa: einen französischen Abgang machen. Und wie heißt es in Deutschland heute? Genau, **sich auf Französisch verabschieden**. Dabei gilt doch ausgerechnet Frankreich bei uns als die Heimat der Höflichkeit!

Doch da gibt es eine noch unfreundlichere Wendung: **auf Englisch einkaufen**. Etwas mitnehmen, ohne es zu bezahlen. Manche nennen diese Art der Selbstbedienung **französisch einkaufen**. Wie man sieht, gibt es auch sprachlich zwischen Nachbarn Freundliches und weniger Freundliches.

Aber vielleicht tröstet die Franzosen die Tatsache, dass wir Deutschen eine besonders lustvolle Variante des Liebesspiels **französisch** nennen, und das macht doch alles wieder wett, oder?

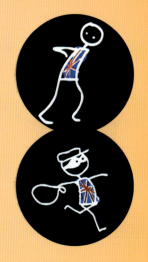

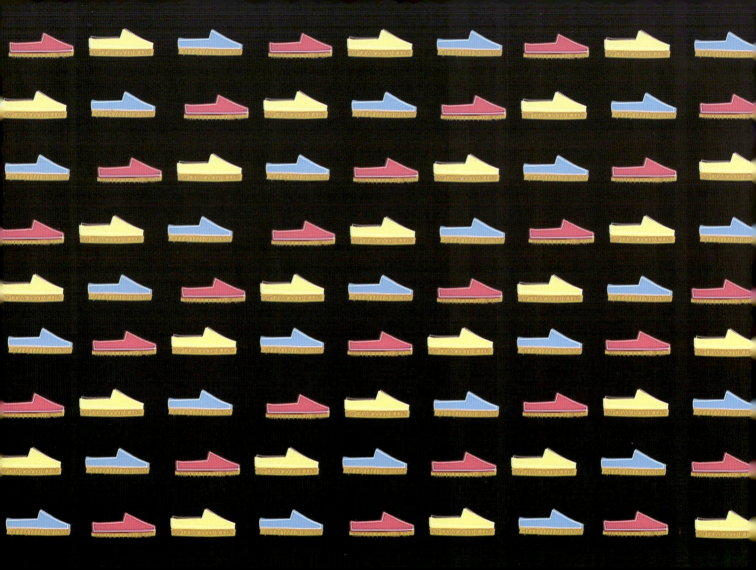

LE CORDONNIER von Hinrich Schmidt-Henkel

Kaum ein Franzose kann sich vorstellen, dass es für Deutsche nicht leicht ist, sich das französische Wort für **schuhmacher** einzuprägen: cordonnier. Im Deutschen ist es ja ein ganz konkreter Begriff: Er **macht schuhe**, er ist ein **schuhmacher**.
chaussurier von chaussure, Schuh, das ließe sich leicht behalten.

Als Eselsbrücke denkt man an cordon und corde – »Schnur, Seil«. Doch was hat die Schnur mit dem Schuh zu tun? Geht es vielleicht um römische, mittelalterliche Schuhe? Schnüre, Bänder, des cordons, die kreuzweise um die Wade gewickelt sind, und unten dran die Sohle? Da fallen uns noch espadrilles ein, für uns Deutsche die französischen Schuhe par excellence. Fehlanzeige, denn die espadrille stammt nicht mal aus Frankreich, sondern aus Spanien, aus Katalonien oder dem Baskenland.

Den Ursprung des französischen cordonnier finden wir jenseits der Pyrenäen: Die besten Schuhe sind aus Pferdeleder gemacht, denn dieses ist besonders widerstandsfähig und geschmeidig zugleich.
Auf Englisch heißt Pferdeleder cordovan. Warum?
Im 13. Jahrhundert, als ledernes Schuhwerk sich in Europa ausbreitete, stammte das beste Leder aus der spanischen Stadt Córdoba, französisch cordoue. Und der cordonnier ist schlicht und einfach derjenige, der Leder aus Córdoba verarbeitet und Schuhe daraus macht.

LE FIFRELIN von Hinrich Schmidt-Henkel

Im Herbst ist Pilzsaison. Mit ein bisschen Glück findet man herrliche Exemplare im Wald, aus denen man eine köstliche Mahlzeit zubereiten kann: Maronen, Steinpilze und vielleicht sogar Pfifferlinge. Es gibt bekanntlich den Ausdruck: **Das ist doch keinen Pfifferling wert** für etwas, das wirklich gar nichts taugt. Auch das französische Wort für **Pfifferling**, fifrelin, bezeichnet etwas Wertloses. Und noch heute ist der sous-fifre ein untergeordneter Angestellter. In der Tat kommt der französische fifrelin vom deutschen **Pfifferling**.

Dies mag unlogisch erscheinen, denn Pfifferlinge sind bekanntlich sehr teuer. In Wirklichkeit hat das Wort Pfifferling zwei ganz verschiedene Ursprünge. Der Pilz heißt **Pfifferling** – oder früher **Pfefferling** –, weil er roh genossen nach Pfeffer schmeckt. Wird das Wort jedoch für etwas Wertloses gebraucht, hat der Pfifferling nichts mehr mit Pilzen zu tun. Vielmehr handelt es sich um eine Verballhornung von **Fünferle**, der Dialektform für ein kleines Geldstück, mit dem man keine großen Sprünge machen kann.

Dass ein **Fünferle** nahezu wertlos ist, drückt auch die folgende französische Redewendung aus, auf die der deutsche Ausdruck zurückgeht: cela ne vaut pas cinq sous – **das ist doch keinen Fünfer wert**. Der Begriff hat also eine Reise hin und wieder zurück gemacht: cinq sous – **Fünferle** – **Pfifferling** – fifrelin.

LA CAPOTE ANGLAISE von Hinrich Schmidt-Henkel

Einen Hut ohne Krempe nennt man **kapotthut** oder einfach **kapotte**. Im älteren Französisch hieß ein Kapuzenmantel **capote**. Heute bezeichnet **la capote** in Frankreich in erster Linie eine ganz andere Kapuze, nämlich **das Kondom**. Man spricht auch von **capote anglaise**, der englischen Kapuze – kein Wunder, denn die modernen Kondome kommen aus England. Manche behaupten, das Wort Kondom gehe auf den Leibarzt des englischen Königs Charles II. zurück, einen Dr. Condom, dessen größter Verdienst die Herstellung von Präservativen aus Schafdarm gewesen sei.

Andere wiederum vermuten die Herkunft des Wortes in der südfranzösischen Stadt Condom. Bei seriöserem Nachforschen stößt man auf das lateinische Wort **condum**. Dieses bezeichnete ein Behältnis aus Tierdarm zur Aufbewahrung von … Sämereien. Das kommt dem heutigen Gebrauch schon recht nah.

In Deutschland heißt die **capote anglaise Pariser**; wie wir ja ohnehin viele erotische Ausdrücke haben, die sich auf Frankreich beziehen. Die Engländer stehen uns darin nicht nach: Bei ihnen hieß die **capote anglaise** lange Zeit **french letters**, »französische Buchstaben«, ein ziemlich puritanischer Ausdruck, der nichts über den Zweck des Objekts verrät … Ursprünglich diente das Präservativ vor allem zum Schutz vor der Syphilis. Im Jahr 1495 war diese Krankheit in Neapel aufgetaucht und verbreitete sich mit erschreckender Geschwindigkeit in ganz Europa: fünfzig Kilometer pro Woche – damals ein enormes Tempo. Die verschiedenen Namen der Syphilis zeichnen den Weg dieser so rasch um sich greifenden Epidemie nach: **italienische Krankheit** nannte man sie in Frankreich, **französische Krankheit** in England, in Spanien und schließlich in Deutschland, **englische Krankheit** in Schottland, **spanische Krankheit** in Portugal, **deutsche Krankheit** in Polen und **polnische Krankheit** in Russland!

FISIMATENTEN von Hinrich Schmidt-Henkel

Wir alle kennen den Ausdruck **Fisimatenten machen**: **Mach keine Fisimatenten** oder **Fisematenten**. Auch in den deutschen Dialekten findet sich dieser Begriff.

Wer **Fisimatenten** macht, sorgt für unnötige Komplikationen, er gebraucht leere Ausflüchte. **Fisimatenten** meinen ein lästiges Hin und Her, gern mit einem gewissen bürokratischen Anteil.

Weil so viele französische Wörter und Wendungen Eingang ins Deutsche gefunden haben, durch Handel und Wandel, durch Kriege oder die Hugenotten, könnte man vermuten, dass **Fisimatenten** aus dem Französischen kommt.

So wird etwa behauptet, der Begriff gehe auf Napoleons Soldaten zurück, die gern engere Bekanntschaft mit den deutschen Mädchen geschlossen hätten und sie unter allerlei Kratzfüßen und Verbeugungen einluden, in ihr Zelt zu kommen: visitez ma tente. Ohne böse Absichten natürlich.

Leider ist die Realität weniger pikant, obwohl manche Lexika diesen charmanten Irrtum weitertragen. **Fisimatenten** kommt wohl vom lateinischen visae patentes – vorzuweisende Zertifikate und anderer Papierkram.

Manche Etymologen verweisen auf eine weitere Quelle, nämlich visement, einen ebenfalls lateinischen Begriff aus der Wappenkunde für überflüssigen Zierrat.

Wie auch immer. Vergessen wir doch diese zwar korrekten, aber banalen Erklärungen und bleiben einfach bei dem französischen Soldaten, der auf seine eigene Weise zur Völkerfreundschaft beitragen möchte: voulez-vous venir visiter ma tente?

DIE GARAGE, DIE SABOTAGE, DIE VISAGE ETC. von Hinrich Schmidt-Henkel

Viele französische Wörter, die das Deutsche übernommen hat, enden auf das Suffix -age. Manche gehören der gehobenen Sprache an, wie **die Entourage** oder **die Hommage**, die meisten aber finden sich in der Alltagssprache: **die Garage**, **die Etage**, **die Courage**. Und natürlich **Karambolage** – auf Französisch mit c geschrieben.

Es fällt auf, dass diese maskulinen Substantive beim Überschreiten der deutschen Grenze weiblich geworden sind.

So auch **le sabotage**, **die Sabotage**. Der Begriff geht auf die Anfänge der Arbeitsmechanisierung zurück, als die ersten Erntemaschinen den Landarbeitern die Arbeit wegzunehmen drohten. Um ihren Broterwerb zu verteidigen, nahmen diese ihre **sabots**, Holzschuhe, und warfen sie in das Getriebe der Mäh- und Dreschmaschinen: **sabot** – **sabotage**.

Eine weitere französische Wortgruppe auf -age, die auf ihrem Weg nach Deutschland weiblich wurde, hat dabei eine Bedeutungsänderung erfahren, oft ins Negative. Zum Beispiel **die Visage**, das Gesicht. Nicht auszudenken, wenn ein Franzose einem Deutschen als Kompliment sagen würde: »Sie haben eine schöne Visage!« Das ginge fürchterlich nach hinten los, denn die **Visage** ist ein unansehnliches, hässliches, falsches Gesicht. Denken Sie nur an den Ausdruck **Verbrechervisage**.

Anderes Beispiel: **die ʙagage**. Aufgepasst! **ᴅie ʙagage** hat mit französischen Koffern und Taschen, also dem Gepäck, nichts zu tun. Im Altfranzösischen bezeichnete bagage den Tross, der hinter der Armee herzog und weniger geachtet war. In dieser negativen Bedeutung ist das Wort ins Deutsche gelangt: **ʙagage** nennt man Pack und Gesindel, also Leute von geringem Ansehen.

Und damit nicht genug: Wir bilden mit dem Suffix -age auch ganz neue pseudofranzösische Wörter, um Unangenehmes auszudrücken.

Es gibt das französische Wort **blâmer**, jemanden tadeln. **se blâmer**, entsprechend unserem deutschen **sich blamieren**, existiert auf Französisch überhaupt nicht, ebenso wenig wie das Substantiv **die ʙlamage**.

Und wir hängen die Endung -age sogar an rein deutsche Wörter. Wenn einer beim Malen kritzelt und schmiert, ist das eine **schmiererei** oder ein **geschmiere**. Und wenn es ganz schlimm kommt, was sagt man dann, tadelnd und mit einem Augenzwinkern? Mensch, was für eine **schmierage**!

DER TRANSPORT von Hinrich Schmidt-Henkel

Nun soll es um ein Wort gehen, das auf Deutsch und auf Französisch dasselbe ist: **Transport**. Die Deutschen haben es zu sich herübertransportiert, aber unterwegs ist ein Teil der Bedeutungen verloren gegangen. Natürlich besagt **Transport** in beiden Sprachen, dass etwas von einem Ort zum anderen gebracht wird. So kann man auf Deutsch wie auf Französisch Waren transportieren, **Warentransport**.

Man sagt jedoch nicht Personentransport, denn das klänge so, als würden Menschen zu Gegenständen, zu Waren gemacht und auf womöglich erniedrigende Weise transportiert. Und unweigerlich ruft man sich das Bild der in Eisenbahnwaggons abtransportierten europäischen Juden in Erinnerung.

Nein, auf Deutsch werden Personen nicht transportiert, sie reisen. Franzosen aber lassen sich ohne jedes Problem von den **transports en commun** oder **transports publics** transportieren.

Und wenn die Strecke kurvig ist, kann es schon mal vorkommen, dass ein Franzose **le mal des transports** bekommt, die Transportkrankheit, auf Deutsch **die Reisekrankheit**.

Ein Franzose kann sich aber noch viel weiter transportieren lassen. Da gibt es zum Beispiel den **transport poétique**. Das ist nicht etwa ein Lyriktransport, Gedichte auf einem Lastwagen, **transport** bedeutet hier Verzückung, einen rauschhaften Zustand. Und wenn ein Franzose einen **transport amoureux** erlebt, bringt ihn das in den siebten Himmel. Falls das dann auch noch in einem **transport public** passiert, möchte ich nicht der Übersetzer sein, der das ins Deutsche transportieren soll …

 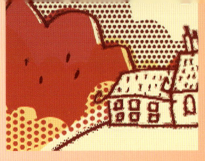 

L'AUBERGE von waltraud legros

Wer schon durch Frankreich gereist ist, weiß sicher, was eine **auberge** ist: ein ländlicher Gasthof, in dem man Hausmannskost essen und übernachten kann.

Kaum ein Franzose stellt sich die Frage, woher die **auberge** ihren Namen hat.

Hat sie etwa mit dem **berger** – dem Hirten – zu tun, der seine Herde hütet? Oder mit der **berge**, der Böschung am Ufer? Auch der freundliche **aubergiste** hat offenbar Wichtigeres zu tun, als sich die Frage zu stellen, woher das **h** von **héberger** – **beherbergen** – kommt. Nun, **auberge** ist als französisches Wort zwar schon im 17. Jahrhundert belegt, hat aber dennoch seine Wurzeln in der deutschen Sprache, und zwar in dem Wort **Herberge**. Auch wenn so mancher Deutsche einen Zusammenhang zwischen **auberge** und **Herberge** vermutet, wissen nur die wenigsten, dass diese Herberge ursprünglich – und wörtlich – einen Schutz für das Heer bezeichnete: **das Heer bergen**. Oft waren es die Burgen auf Bergen, die einen solchen Schutz gewährten.

der Berg, **die Burg** und **die Herberge** sind sprachverwandt, und zu dieser Wortfamilie gehören auch das Verb **bergen** und **die Geborgenheit**.

DAS WORT LE MOT

Sicher: Herbergen sind schon lange nicht mehr schützende Burgen für das Heer. Heute genügt ein gemütliches Eck in unserem Haus, damit unser Kind, Freund oder Gast sich **geborgen** fühlt.

Ach, **sich geborgen fühlen**: ein unübersetzbarer Begriff! Man müsste ein halbes Wörterbuch bemühen, um einem Nichtdeutschen dieses einzigartige, ganz persönliche Gefühl zu beschreiben. Geborgenheit gibt man nicht gern auf, oder?

Im Gegensatz dazu machen die Franzosen einen eher entmutigten Eindruck, wenn sie ausrufen: **Ah, on n'est pas sorti de l'auberge!** – »Wir sind noch nicht aus der Herberge raus!« Ganz einfach: Sie meinen damit, dass sie **noch längst nicht über den Berg** sind!

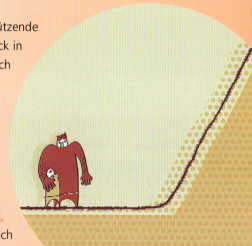

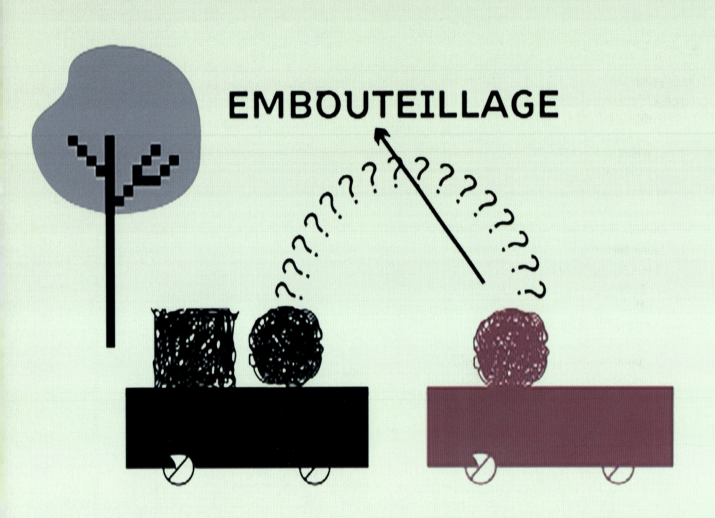

LE BOUCHON von waltraud legros

Vorurteile können manchmal zu Missverständnissen führen. Angenommen, Sie sind im schönen Frankreich im Urlaub, fahren auf den sommerlichen Straßen durchs Land und lesen die Ankündigung: »Bouchon, 15 km«. Ihre Frau, die etwas Französisch kann, weiß, dass **bouchon** »Korken« oder »Stöpsel« bedeutet, und so freuen Sie sich beide auf die freundlich angekündigte Weinschenke.

Es scheint demnach durchaus verständlich, dass der Verkehr zähflüssig wird, ja sogar stillsteht und Ihre Frau aus dem Auto nebenan die erfreuliche Bestätigung bekommt: **c'est un embouteillage**!

Ah: **bouteille** ist die Flasche, das weiß jeder. Es wird also ernst mit dem guten Tropfen! … Leider noch nicht!

Franzosen lieben bildhafte Wendungen aus der Gastronomie. Ein **bouchon** ist ein ganz banaler, wenn auch ärgerlicher Verkehrsstau, und **embouteillage** bezeichnet nicht nur das Weinabzapfen, sondern auch ein ausweglos Verkehrschaos, wie es zu Stoßzeiten oder nach sonnigen Wochenenden in allen Städten herrscht.

Die Deutschen nennen einen solchen Verkehrsstillstand **stau**. Sie holen sich das Bild für das besagte Übel aus der Technik und vom nüchternen Wasser. Fließendes Wasser wird gestaut, also durch einen **staudamm** zum Stillstand gebracht, um Energie zu gewinnen.

Doch wenn alles wie am Schnürchen läuft – oder in unserem Fall rollt –, sind sich die Metaphern in beiden Sprachen wieder einig. Deutsche sprechen von **flüssigem verkehr**, Franzosen von der **circulation fluide**. Nur ist eben das Wesentliche, das heißt die Natur der gemeinten Flüssigkeit, von Land zu Land verschieden.

LE BOULEVARD von waltraud Legros

Das Wort **boulevard** war für mich als Deutschsprachige lange Zeit der Inbegriff für Pariser Großzügigkeit und Nonchalance.

Bis ich eines Tages den Ausdruck **Boul'Mich** hörte, die Abkürzung für Boulevard Saint-Michel. Boul'Mich? Der Charme war weg. Jetzt wollte ich wissen, was **boulevard** wirklich bedeutete.

Mein – typisch deutscher – Versuch, das Wort in sinnvolle Bestandteile zu zerlegen, ergab boule – vard. Etwa eine Kegelbahn?

Ich ging der Frage nach und buddelte ein wenig im sprachlichen Untergrund – und siehe da: Dieser urfranzösische **boulevard** stammt vom deutschen **Bollwerk** ab. Einem **werk** aus **Bohlen** also, einem Schutzbau aus Baumstämmen oder groben Brettern. Die Franzosen importierten das Wort, sprachen es auf ihre Weise aus und machten aus dem **Bollwerk** Musik: **boulevard**.

   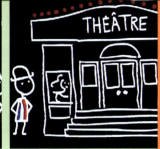

Dabei eigneten sie sich zugleich die Technik an, denn tatsächlich waren die **boulevards** im 18. und 19. Jahrhundert Schutzgürtel der Städte, was den kreisförmigen Verlauf der heutigen **boulevards** erklärt. Der **boulevard extérieur** ist nichts anderes als der äußere Ring. Doch die Städte wurden größer, und mit der Zeit ersetzte man die **Bollwerke** durch die breiten **boulevards**, auf denen man so schön bummeln und in Straßencafés die Welt zerreden kann.

Natürlich denkt heute dabei kein Franzose mehr an schützende Bollwerke, aber die **pièces de boulevard**, **Boulevardstücke**, existieren noch immer: Es sind possenhafte, leichte Komödien, die ursprünglich zur Erheiterung der Vorstadtbewohner gedacht waren.

Und was die Deutschen betrifft, so haben sie sich ihre Vokabel zurückgeholt – auf Französisch versteht sich: Mit **Boulevardpresse** sind anspruchslose, populäre Gazetten gemeint, die vor noch gar nicht so langer Zeit abends auf den Straßen der Stadt ausgerufen wurden.

DAS WORT   LE MOT

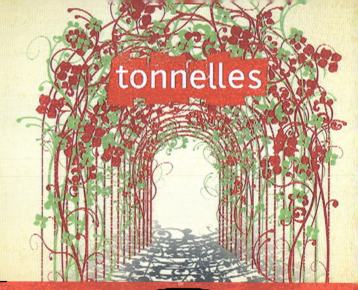
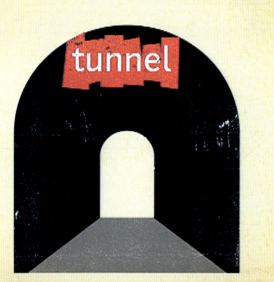
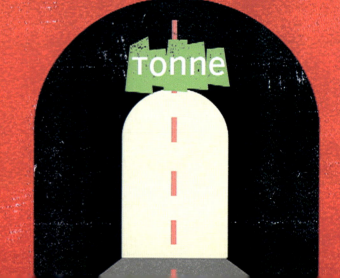

DER TUNNEL von waltraud legros

Betrachten wir einmal das Wort **tunnel**, **tunnel** im Französischen – ein und derselbe Begriff für ein und dieselbe Sache. Alles klar. Da die Engländer die ersten Tunnelbauer waren, vermutet man, Tunnel komme direkt vom englischen **tunnel**, und damit Schluss. Doch die Geschichte ist etwas komplizierter. Als nämlich die Engländer Ende des 18. Jahrhunderts ihren ersten Verkehrsweg durch einen Berg gebohrt hatten, wollten sie diesem düsteren Loch einen besonderen und womöglich hübschen Namen geben. Auch die Engländer können romantisch sein, und so dachten sie an die schattigen Gartenlauben in den Parks der französischen Schlösser, an die **tonnelles**, und nannten ihr Loch **tunnel**.

Damit war ein Fachbegriff entstanden. Die Deutschen übernahmen das Wort, als sie 1839 auf der Bahnstrecke zwischen Leipzig und Dresden ihren ersten **Tunnel** bauten. Als Fachwort kam der englische **tunnel** dann auch ins Französische.

Trotz der phonetischen Ähnlichkeit ist wohl den wenigsten Franzosen bewusst, dass das Wort **tunnel** von ihrer **tonnelle** kommt, deren Großmutter die alte **tonne** ist, ein riesiges bauchiges Fass, so groß, dass es tausend Liter, also **eine Tonne** fasst. Die Nachkommen dieser **tonne** heißen **tonneau**, Weinfass, und **tonnelet**, Fässchen.

Gleichfalls denken nur wenige Deutsche an eine sprachliche Verwandtschaft des **Tunnels** mit der tausend Kilo schweren **Tonne** oder dem **Tonnengewölbe**, einer halbkugelförmigen Kuppel. Ganz zu schweigen von der eher prosaischen Verwandten der ursprünglichen Gartenlaube – der **Mülltonne**.

DAS WORT LE MOT

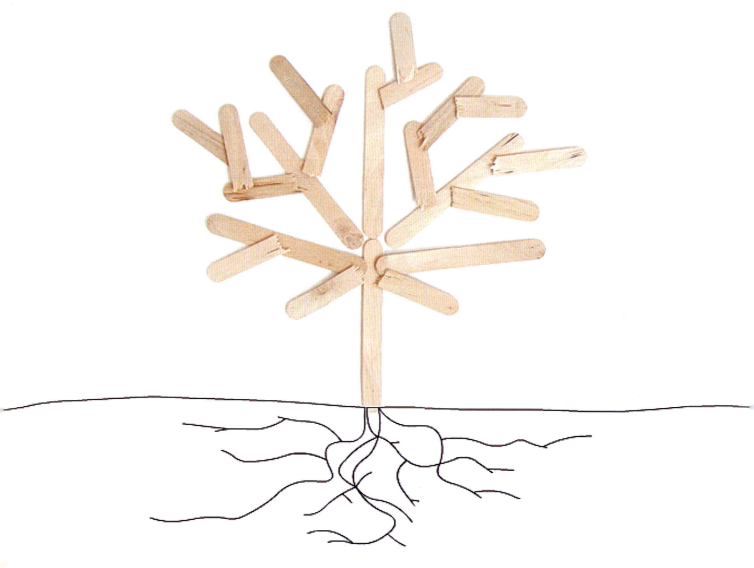

DAS BUCH von waltraud legros

Rein sprachlich und phonetisch haben **das Buch** und sein französisches Pendant le livre wirklich nichts gemein. Wenn wir jedoch bis zum Ursprung beider Vokabeln zurückgehen, entdecken wir eine überraschende Verwandtschaft.

Der deutsche **Buchstabe**, also die **Letter**, ist buchstäblich zu verstehen: Die ersten **Buchstaben** waren ganz einfach kleine **Stäbe aus Buchenholz**.

In germanischer Zeit stellte man solche **Buchenstäbe** her, in die geheimnisvolle Zeichen eingeritzt wurden, die sogenannten **Runen**. Die so beschrifteten Buchenstäbe wurden einer Art Wahrsagerin anvertraut, die ein Bündel Stäbe in die Luft warf und anschließend einen nach dem anderen in einer ganz bestimmten Reihenfolge wieder aufnahm. Die Buchstaben **aufzulesen** und die Bedeutung der Runen zu **lesen** war dasselbe. In der Tat kommt das Verb **lesen** wie das französische lire vom lateinischen legere: **bündeln**, **einsammeln**. Mit **Buch** wurde später nicht etwa eine Ansammlung von **Buchstaben** bezeichnet, sondern die Tafel aus Buchenholz, in die man einen Text schnitzte, um sie danach als Druckplatte zu verwenden.

Das französische Wort livre seinerseits kommt direkt vom lateinischen liber, ein vor allem bei Botanikern bekanntes Wort, welche damit die Innenseite der Baumrinde bezeichnen. Im Altertum löste man diese Rindenblätter – mit Vorliebe die des Lindenbaums – behutsam ab und ritzte oder schrieb dann darauf Texte. Daraus ist unser heutiges **Blatt** entstanden, in beiden Bedeutungen des Wortes!

So haben also **das Buch** und le livre doch etwas gemein: Die Geschichte beider Wörter beginnt in den Bäumen!

DAS WORT LE MOT

Heimat

DIE HEIMAT von Waltraud Legros

Heimat ist eines der deutschen Wörter, für die es im Französischen keine Übersetzung gibt. Heimat kann das Geburtsland sein, der Geburtsort, die Gegend oder das Haus, wo man aufgewachsen ist. Heimat ist dort, wo man **daheim** ist. Und wenn man weit weg ist, in der Fremde, wie man früher sagte, hat man **Heimweh**.

Wer in der Geschichte des Wortes Heimat zurückblättert, erfährt, dass es eine Zeit gab, in der man **Heimat** als Gegensatz zu **Elend** gebrauchte. **Elend** kommt aus dem Althochdeutschen, wo **ali-lenti** wörtlich das andere Land meinte. Im fremden Land leben und im Elend leben waren also gleichbedeutend. Das machte die Heimat nur umso kostbarer.

Bis ins 17. Jahrhundert hat das Christentum sogar das Leben auf Erden überhaupt als **Elend** bezeichnet. **Heimat** war das Himmelreich. Deshalb sagte man von einem Verstorbenen, der Herr habe ihn aus diesem Elend abberufen und **heimgeholt**.

Heimat hat also mit Gefühlen zu tun, oft auch mit Erinnerungen an die Kindheit, an eine vertraute Landschaft oder eine bestimmte Atmosphäre. Was nicht aus-

schließt, dass man sich auch anderswo in der Welt daheim oder zumindest wie daheim fühlen kann. Das meinten wohl die Römer, wenn sie sagten **ubi bene, ibi patria**: »Wo man sich wohl fühlt, ist man daheim«. Das lateinische **patria** meinte so etwas wie ein Mutterland, dem man verbunden ist wie der Muttersprache.

Im Gegensatz dazu ist das **vaterland** – im Französischen **la patrie** – ein politischer Begriff.

Ein Vaterland hat Grenzen, die man gegebenenfalls verteidigen muss, es hat eine Fahne, eine Hauptstadt und eine Regierung – welcher Art auch immer.

Soldaten fallen für ihr Vaterland und werden dadurch zu Helden.

Die **Heimat** hat weder Uniformen noch Fahnen. Sie ist das Daheim, das jeder von uns in sich trägt.

SALOPE

SALOPP

SALOPETTE

SALE

SALOPE

SALOPP

SALOPPER KERL

SALOPE

SALOPP

SALOPP GEKLEIDET

SALOPE !

LA SALOPETTE von waltraud Legros

Betrachten wir zwei sogenannte falsche Freunde, die von besonderem Interesse sind: das deutsche **salopp** und das französische **salope**. Die Franzosen nennen eine Latzhose **salopette**. Völlig normal, denken wir, da doch salopp im Deutschen »lässig« und »ungezwungen« bedeutet.

Die französische **salopette** jedoch kommt vom Adjektiv **sale**, und das heißt schmutzig. Im vorigen Jahrhundert noch war das Adjektiv **salope** praktisch gleichbedeutend mit **sale**. Und die **salopette** war eine weite Latzhose, die man über der Alltagskleidung trug, um diese beim Arbeiten vor Dreck und Staub zu schützen.

Doch wie schon so mancher Begriff wanderte das alte Adjektiv **salope**, das zunächst ein Eigenschaftswort für ein schmutziges Objekt gewesen ist, in die menschliche und damit moralische Sphäre. In der französischen Vulgärsprache ist heute **une salope** eine Schlampe oder ein bösartiges Weib, **un salaud** ein Gauner, und selbst mit **saloperie** ist nicht einfach Schmutz oder Sauerei gemeint, sondern eine hinterhältige Tat eines skrupellosen Menschen.

Also Vorsicht mit dem deutschen **salopp** im Umgang mit Franzosen! Die wenigsten Franzosen wissen, dass salopp für die Deutschen völlig harmlos ist, dass es sogar ein Kompliment sein kann. **salopp gekleidet** zu sein ist eine besondere Form von lockerer Eleganz, von typisch französischer Nonchalance. Und **ein salopper Kerl** ist ein sympathischer, unkomplizierter Mensch.

Machen Sie also bitte nie einer Französin das Kompliment, sie sei **salopp**! Es wäre eine unzumutbare Beleidigung und würde – mindestens – mit einem blauen Auge enden!

FALLEN von waltraud legros

Wenn man mit den nur 26 Buchstaben des Alphabets die ganze Welt ausdrücken will, muss man etwas erfindungsreich sein. Nehmen wir als ganz willkürliches Beispiel das Verb **fallen**, im Französischen **tomber**.

Der Franzose fällt in den erstaunlichsten Situationen des Lebens. Er fällt, wie wir, wenn er stolpert. Ebenso kann er im Krieg fallen. Aber der Franzose fällt auch in Liebe, **il tombe amoureux**, er fällt in die Äpfel, **il tombe dans les pommes** – das heißt, er wird ohnmächtig –, er fällt in Einverständnis, **il tombe d'accord**, oder in eine Panne, **en panne**, und Frauen **tombent enceintes**, sie fallen in Schwangerschaft.

Auch die Deutschen gebrauchen das Verb **fallen** sehr häufig. Nur gibt es in der deutschen Sprache diese Kobolde von Vorsilben oder Partikeln, die den Sinn des Stammverbs

mitunter völlig verändern. Ein Haus kann **ge**fallen oder **miss**fallen, ohne deshalb einzustürzen.

Wirklich schlimm wird es für Ausländer aber erst, wenn die sinngebende Partikel sich vom Stammverb löst und den begehrten Platz am Ende des Satzes einnimmt. Ein Satz, der mit »Robert fällt« beginnt, muss noch lange nicht mit einer Beule enden. Es kann diesem Robert auch etwas **auf**fallen oder **ein**fallen. Ein deutscher Satz ist ein Kriminalroman en miniature.

Man stelle sich also vor, welch buchstäblicher Zerreißprobe ein französischer Dolmetscher ausgesetzt ist: Er kann sich auf kein Verb verlassen, bevor der Satz zu Ende ist. Er muss also alle zwischen Verb und Partikel eingeklemmten Informationen speichern und kann erst übersetzen, wenn der deutsche Redner schon längst mit dem nächsten Satz begonnen hat.

Den französischen Satz versteht man von vorne nach hinten; die deutsche Sprache hingegen muss man von hinten nach vorn entschlüsseln.

So ist das Ende eines deutschen Satzes zugleich der **schluss** und der **schlüssel** zu seiner wahren Bedeutung.

VERDIENEN von waltraud legros

Es wird manchmal behauptet, die Wörter und Redensarten der Muttersprache hätten einen gewissen Einfluss auf die Art, wie die Menschen denken, handeln oder fühlen. Stimmt das? Betrachten wir zum Beispiel das Verb **verdienen**.

Die Deutschen **verdienen** ihr Brot (das heißt ihren Lohn), zwar nicht mehr unbedingt im Schweiße ihres Angesichts, aber doch ehrlich und hart. Denn Geld **verdienen** heißt wörtlich auch, dass man es sich erarbeitet hat, wie man eben eine Belohnung, eine Auszeichnung oder seinen Ruhestand verdient haben muss.

Freilich kann der Deutsche auch Geld **gewinnen**: im Casino, durch Spekulationen oder sonstige Geschäfte. Aber Geld **gewinnen** ist dem Deutschen schon deshalb verdächtig – oder zumindest peinlich –, weil es sich eben nicht um wirklich **verdientes** Geld handelt. Und wie steht es mit dem **gewinn**? Sollte das Wort etwa besagen, dass der Gewinn jenseits des ehrlich Verdienten liegt?

Die Franzosen werden diese Frage wohl kaum zu beantworten wagen. Sie gebrauchen nämlich ein und dasselbe Wort – **gagner** –, ob sie das Geld nun ehrlich erarbeitet oder in der Lotterie gewonnen haben.

Und wenn sie etwas wirklich **verdient** haben, verwenden sie das Verb **mériter** und denken dabei nicht spontan an Geld, sondern vor allem an Orden, Preise und Ehrenkreuze. Für das Verdienen von Geld und das Verdienen einer Belohnung braucht man in der französischen Sprache also zwei verschiedene Wörter.

KAPUTT von waltraud Legros

Wenige deutsche Wörter sind international so beliebt wie das Wort **kaputt**. Es bedeutet zwar, dass etwas zerstört oder zerbrochen ist, nicht mehr funktioniert, aber das Wort ist durch seine griffige Kürze vielseitig verwendbar.

Ist **kaputt** denn überhaupt ein deutsches Wort?

Ja und nein. Jedenfalls hat es eine sehr interessante Reise gemacht.

Am Anfang stand das lateinische **caput**: das Haupt, der Kopf. Die Nachkommen dieses **caput** sind sowohl in der deutschen als auch in den romanischen Sprachen außergewöhnlich zahlreich. Sie reichen vom **häuptling** zur **kapuze**, von der **kapelle** zum **kapital**, vom **kapitel** zur **haube** und so weiter.

Doch alle diese Wörter bezeichnen nichts Zerstörtes. Woher kommt also die negative Bedeutung von **kaputt**?

Um darauf zu antworten, müssen wir die Franzosen bemühen. Sie nennen die Motorhaube **capot** und gebrauchen das Verb **capoter** im übertragenen Sinn, wenn etwa ein Projekt in die Binsen geht. Das Verb **capoter** haben sie aus der Seemanns-

sprache übernommen. Es bedeutete so viel wie »Schiffbruch erleiden«, also kentern – buchstäblich Hals über Kopf.

Es gibt aber eine noch kürzere Verbindung zwischen dem deutschen **kaputt** und der französischen Sprache: **faire capot** und **être capot** sind im Französischen Ausdrücke der Kartenspieler. **être capot** heißt, dass man in einem Spiel keinen einzigen Stich gemacht hat, dass man also geschlagen, **kaputt** ist.

Im Dreißigjährigen Krieg lernten die deutschen Landsknechte diesen Ausdruck von den französischen Söldnern, wenn sie abends neben reichlichem Alkoholgenuss auch dem Kartenspiel frönten. So wurde **faire capot** zu **kaputt machen** eingedeutscht und galt schließlich für alles, was zu einem Krieg gehört: plündern, rauben, in Brand stecken, umbringen, abmurksen und so weiter.

Und mit der Zeit entwickelte sich das Wörtchen **kaputt** zum Allerweltswort.

Vergessen wir aber nicht: Damit aus dem edlen lateinischen **caput** das desaströse deutsche **kaputt** wurde, bedurfte es immerhin der französischen Zwischenstation von Schiffbruch und verlorenem Kartenspiel!

DAS RENDEZVOUS von waltraud legros

Wenn ein Deutscher einen Franzosen ganz ungeniert von seinem **rendez-vous** mit dem Zahnarzt, dem Friseur, ja sogar mit dem gesamten Finanzamt reden hört, ist er erstaunt, vielleicht sogar schockiert. Denn für Deutsche ist ein **Rendezvous** ein Stelldichein für Liebespaare. Ein Rendezvous wird ausgemacht, um zu flirten, und nicht umsonst gibt man dieser verheißungsvollen Verabredung einen französischen Namen … Das **rendez-vous** der Franzosen bezieht sich längst nicht mehr nur auf das Stelldichein – das **rendez-vous galant** von gestern –, sondern entspricht dem deutschen **Termin**. Und wörtlich ist ein **rendez-vous** ja auch nichts anderes als der Anfang der Aufforderung: »Begeben Sie sich bitte zu dem und dem Zeitpunkt da und da hin!«

Ihren mit **rendez-vous** gefüllten Terminkalender nennen die Franzosen **agenda**. Ein Wort, das aus dem Lateinischen kommt und schlicht bedeutet: »was zu tun ist«.

Die deutsche Sprache hat sich übrigens ihre **termine** ebenfalls aus dem Lateinischen geholt: **termini** waren bei den Römern Grenzsteine. Es war ein heiliges Ritual, dem Schutzgott der Grenzsteine, Terminus, einmal im Jahr, am 23. Februar, Opfergaben darzureichen und gleichzeitig das Ende des Jahres zu feiern. Allmählich geriet das Ritual dann in Vergessenheit – bis die deutsche Sprache die **termini** wieder ausgrub, um jede Stunde sämtlicher Taschenkalender unerbittlich mit steinharten Terminen zu pflastern. Weder im französischen **agenda** noch im deutschen **Terminkalender** scheint es noch eine Lücke zu geben für ein echtes romantisches Rendezvous. Offiziell zumindest.

DIE ROBE **von waltraud Legros**

Auf den ersten Blick scheint es über **die Robe**, die direkt vom französischen **la robe** kommt, nicht viel zu sagen zu geben. Außer vielleicht, dass mit einer **robe** in Frankreich sowohl das pompöse Abendkleid als auch das luftige Sommerkleidchen gemeint sein kann. Doch teilen sich beide Sprachen Wort und Sinn von **garderobe**, welche die Kleiderablage und vor allem ganz generell den gesamten Kleiderbestand einer Person bezeichnet.

Und da Frankreich das Land der Haute Couture, also der großen und namhaften Modeschöpfer ist, darf man vermuten, dass **la robe** schon immer eine französische Vokabel war.

Eben nicht! Wenn wir nämlich dem Wort unter den Rock schauen, erfahren wir, dass **la robe** vom altfränkischen **rauba** und dieses wiederum vom althochdeutschen **rouba** hergeleitet ist. Und **rauba** bedeutete Diebstahl, Plünderei und Entführung, also genau dasselbe wie unsere heutige deutsche Vokabel **der Raub**!

Wie aber konnte der Raub zur Robe werden? Hier die Antwort: Aus der althochdeutschen Wurzel **roub** entstand zunächst das Verb **rouban** im Sinne von »losreißen, gewaltsam entreißen«. Und tatsächlich haben die Krieger vergangener Zeiten dem getöteten Feind Rüstung, Schuhwerk und Kleidung vom Leib gerissen. Es war damals der wesentliche Teil ihrer **Beute**. Ein Wort

übrigens, das die Franzosen im Zuge des Gefechts gleich mitgeraubt haben: Die Beute heißt im Französischen **le butin**.

Vom barbarischen Raub der Rüstung bis zum Abendkleid hat sich das Wort Robe eindeutig zu seinem Vorteil entwickelt.

Ganz zu schweigen von den noch nobleren Varianten sowohl der **Robe** als auch der **robe**: Sie kleidet Geistliche oder Juristen, und die französischen **gens de robe** – der Ausdruck ist etwas aus der Mode gekommen – tragen nicht nur ihre schweren **Roben**, sondern sind auch die Würdenträger, also die Elite des Landes.

Die Deutschen haben genau diese vornehme Bedeutung des französischen Wortes **robe** übernommen. Die Robe ist Festkleidung oder Amtstracht.

Da aber die deutsche Garderobe auch die Kleiderablage ist – etwa im Theater oder in der Oper –, stellt sich eine neue Frage: Ist also die freundliche **garderobiere** im Grunde die Leibgarde der ihr anvertrauten Kleidungsstücke, für den Fall, dass sich irgendjemand plötzlich an den ursprünglichen **raub** erinnern sollte?

DER HAMBURGER von waltraud legros

Wer hätte gedacht, dass der Hamburger, dieser zweifelhafte Segen aus den Vereinigten Staaten, eines Tages die Welt erobern würde? Dass er zum Symbol einer genauso zweifelhaften Esskultur – wenn nicht der Kultur überhaupt! – avancieren würde?

Spaß beiseite: Gibt es einen Zusammenhang zwischen dem Hamburger und der Stadt Hamburg? Leider ja.

Rein sprachlich gesehen, war da zuerst der **Berg** mit seiner **Burg** obendrauf und den **Bürgern** – wörtlich den **Burg**-Wehren –, die innerhalb der Schutzwälle für Sicherheit und Ordnung sorgten.

Die deutschen Vokabeln **Burg** und **Bürger** hatten internationalen Erfolg: Die Italiener haben ihren borgo und die borghesia, die Franzosen ihren bourg, den Marktflecken, ihren bourgeois und die ganze bourgeoisie, die

Flamen ihren **bourgmestre**, und nach und nach wurde **burg** Bestandteil unzähliger Ortsnamen: Cherbourg, Göteborg, Salesbury… oder eben Hamburg.

Eine Spezialität der hamburgischen Küche war ein besonders zubereitetes Stück Rindfleisch. Dieses sogenannte **hamburger stück** überquerte mit Auswanderern den Atlantik und wurde in Übersee bald zum **steak**. Doch irgendwann degenerierte dieses **steak** zu einem Klops aus Hackfleisch. Um sich jeder Verantwortung zu entziehen, nannten die Amerikaner dieses neue Produkt frecherweise **hamburger steak** und schließlich kurz **hamburger** oder noch kürzer **burger**.

Aufgepeppt mit reichlich Ketchup und eingeklemmt zwischen zwei schwammige Weißbrotscheiben, trat dieser **hamburger** dann seine triumphale Rückreise über den Atlantik an.

Bis dahin kann die Sprache keinen Einspruch erheben. Doch warum lässt sie sich bloß den **cheeseburger** gefallen, der vorgibt, der **hamburger** hätte mit **ham**, also Schinken, zu tun?

BOCHE, CHLEU UND FRITZ

ALBOCHE

Die Franzosen mögen die Deutschen so sehr, dass sie sich im Lauf der Geschichte immer wieder neue, hübsche Schimpfnamen für sie ausgedacht haben. Die größte Beleidigung ist **Boche**. Das Wort entstand in der zweiten Hälfte des 19. Jahrhunderts, um 1860, und geht wohl auf das ältere **Alboche** zurück. **Alboche** wurde aus der Vorsilbe **al-**, abgekürzt für **allemand** – deutsch –, und dem Wort **boche** gebildet.

Bevor **Boche** den deutschen Erbfeind bezeichnete, wurde es im Argot des 19. Jahrhunderts in der Redewendung **tête de boche** verwendet, was »Dickkopf« oder »Holzkopf« bedeutete. Ursprünglich war **boche** nämlich eine große Holzkugel, zum Beispiel jene, mit der man kegelte.

Ich fasse zusammen: **la boche** = **la boule de bois** – die Holzkugel / **le boche** = **l'homme à la tête de bois** – der Holzkopf / **l'Alboche** = **l'Allemand à la tête de bois** – der holzköpfige Deutsche, was dann wieder mit **le Boche** abgekürzt wurde.

Doch Angriff ist nun mal die beste Verteidigung: Ein bekannter deutscher Hersteller von Elektrogeräten machte sich den Gleichklang seines Firmennamens mit dem Schimpfwort **Boche** zunutze und warb in Frankreich mit dem gewagten Slogan: »C'est bien, c'est beau, c'est Bosch.« – »Das ist gut, das ist schön, das ist Bosch.«

Eine weitere nicht sehr nette Bezeichnung ist **chleu** oder **chleuh**, manchmal auch **schleu**. Woher kommt dieses Wort mit dem anlautenden »sch«, das für französische Ohren so deutsch klingt? **chleuh** ist der Name der westmarokkanischen Berber. Als die französischen Soldaten Anfang des 20. Jahrhunderts in Marokko kämpften, verwendeten sie diesen Namen für ihre Gegner. Für die Franzosen waren das Barbaren

und Wilde mit einer völlig unverständlichen Sprache. Nach Frankreich importiert, bezeichnete der Begriff Elsässer und andere Grenzlandbewohner, die eine andere Sprache als Französisch sprachen. Schließlich übertrug man ihn auf die deutschen Soldaten und im Zweiten Weltkrieg allgemein auf die deutschen Besatzer.

Zum Schluss eine weniger böse, doch ebenso abschätzige Bezeichnung: **le Fritz**. Ende des 19. Jahrhunderts war Fritz in Deutschland ein häufiger Vorname, als Kurzform von Friedrich, einem der Lieblingsvornamen der preußischen Hohenzollern. Im Ersten Weltkrieg wurde **le Fritz** auch abgewandelt in **Fridolin**, **Frisé** – eigentlich »Krauskopf« – und im Zweiten Weltkrieg sogar in **Frisou**.

Jetzt würde ich Ihnen gern die deutschen Schimpfwörter für Franzosen vorstellen, aber da kann man lange suchen: Es existiert nichts. Zwar gibt es ein paar Nettigkeiten wie **Froschfresser**, aber mit diesem Ausdruck werden die Franzosen nicht nur von den Deutschen bedacht: Die ganze Welt nennt sie so. **C.D.**

CHLEU

LE PARISIEN, LE MARSEILLAIS ETC.

Wie nennt man die Bewohner einer Stadt? In Deutschland ist das ganz einfach: Berlin – **der Berliner**, Hamburg – **der Hamburger**, Stuttgart – **der Stuttgarter** usw. Nur ein paar unwesentliche Ausnahmen weichen aus phonetischen Gründen von dieser Regel ab: Bei München – **der Münchner** fällt das »e« weg. Und weil Hannover schon mit »er« endet, hat man für den **Hannoveraner** ein kleines »a« hinzugefügt.

Und jetzt zum Französischen: Der Pariser ist ein **Parisien**. Dieselbe Regel auf Marseille übertragen ergäbe Marseillien. Aber so geht das nicht: Der Marseiller ist ein **Marseillais**, der Lyoner ein **Lyonnais**. In Lille ist man dagegen **Lillois**, in Grenoble **Grenoblois**.

Es gibt also im Französischen eine Reihe von Nachsilben: -ien, -ais, -ois mit den entsprechenden weiblichen Formen: -ienne, -aise, -oise.

Und jetzt wird's richtig kompliziert:

Neufchâteau (auf Deutsch »neues Schloss«) – **Néocastrien**. Um das nachzuvollziehen, muss man ein wenig Latein können: **neo** – **neu**, **castrum** – **schloss**, ergo: **Néocastrien**.

Saint-Étienne – **stéphanois**. Weil Stephanus die lateinische Form von Étienne ist. Manchmal muss man bis zu den alten Griechen zurückgehen. Beispiel: Der Bewohner des Pariser Vorortes Saint-Denis ist ein **Dyonisien**, weil Denis vom griechischen Dionysos kommt.

Manche Namen verweisen auf Gallierstämme: Die Leute in Évreux heißen **Ébroïciens**, weil Évreux die Hauptstadt des Stammes der Aulerci Eburovices war.

Und die Bewohner von Saint-Omer? **Audomarois**. Audomar hat die Stadt im 6. Jahrhundert gegründet; Audomar heißt auf Flämisch Omer. Also Omer, Audomar, Audomarois. Man braucht manchmal solide Geschichtskenntnisse, um dem Ursprung der Bezeichnungen auf die Spur zu kommen.

Raten Sie mal, wie die Bewohner von La Rochefoucauld heißen! **Rupificaldiens**! Im Jahr 980 hatte ein gewisser Fucaldus – französisch Foucauld – ein befestigtes Lager auf einem Felsen – lateinisch **rupe** – errichtet. Die Leute, die auf dem Felsen von Fucaldus Zuflucht suchten, sind also **Rupificaldiens**.

Jetzt sind Sie dran: Bourg-la-Reine? **Le Reginaburgien**. Vimoutiers? **Le vimonastérien**. Bobigny? **Le Balbynien**. Bourg-Madame? **Le Guinguettois**. Bayeux? **Le Bajocasse**. Lisieux? **Le Lexovien**. Béziers? **Le Biterrois**.

In Deutschland ist der Name von Ortsbewohnern eine Frage der Grammatik, in Frankreich erzählt er Geschichten. Mal liegt sein Ursprung in der Geografie, mal in der Geschichte, im Zufall oder in der Fantasie, und manchmal weiß man es einfach nicht mehr… **N.O.**

DIE KATZE

Julie verbringt ihre Ferien bei einer deutschen Familie. Wie versprochen, schildert sie ihren Eltern ihre ersten Eindrücke.

Liebe Eltern, auf dem Foto seht ihr Felix, die Katze, die ich so gern mag. Wir sind beste Freunde … Wie komisch: Hier gibt es nur weibliche Katzen, sogar Felix, **le chat***, nennen sie* **die Katze***, obwohl er doch* **ein Kater** *ist. Man hat mir auch eine Menge seltsamer Ausdrücke beigebracht, zum Beispiel:* **alles für die Katz** *– alles umsonst, oder* **ein Katzensprung***, um zu sagen, dass etwas ganz in der Nähe ist.* **Die Katzenwäsche** *gibt es hier genau wie bei uns,* **une toilette de chat***. Und ein kleiner Tisch für die Kinder ist* **ein Katzentisch***. Wie niedlich!*

Während bei uns aber die Leute um den Topf herumgehen, **tourner autour du pot***,* **streicht** *hier* **die Katze um den heißen Brei***.*

Auf keinen Fall sollte man **die Katze im Sack kaufen***, besser macht man den Sack vorher auf und schaut, was wirklich drinsteckt. Aber Vorsicht: Wenn man* **die Katze aus dem Sack lässt***, bedeutet das, dass man seine wahren Absichten verrät.*

Was ist schlimmer: an **Katzenjammer** *zu leiden oder* **einen Kater** *zu haben? So nennen die Deutschen nämlich*

DER **KATZENTISCH**

DAS WORT LE MOT

unsere **gueule de bois**, auf Deutsch Holzkopf. Man sagt, dieser Kater käme vom **Katarrh** – mag sein, aber das ist mir zu hoch.

Und um mich zu necken, haben sie mich gefragt, warum wir Franzosen »eine Katze im Hals haben«, **un chat dans la gorge**, während es in Deutschland ein **Frosch** ist.

Ich weiß es nicht, deswegen sage ich: **Je donne ma langue au chat**, »ich gebe der Katze meine Zunge«. Es amüsiert die Deutschen sehr, dass wir so etwas sagen, wenn wir die Lösung eines Rätsels wissen wollen.

Und dann finden sie es auch seltsam, dass man in Frankreich häufig »andere Katzen zu peitschen hat«, **avoir d'autres chats à fouetter**. Ich musste erklären, dass man das ganz einfach sagt, wenn man Wichtigeres zu tun hat.

Es wird langsam dunkel, und hier **sind** wie bei uns **nachts alle Katzen grau** – **la nuit, tous les chats sont gris**.

Ich weiß nicht, ob ich euch verraten soll, dass Birgits Eltern ausgegangen sind. Denn ihr wisst ja, in Deutschland wie in Frankreich **tanzen die Mäuse, wenn die Katze aus dem Haus ist** – **quand le chat est sorti, les souris dansent**. Und genau das machen wir jetzt. **H.K.**

DEUTSCHLAND/FRANCE
DEUTSCHLAND/FRANCE
DEUTSCHLAND/FRANCE
DEUTSCHLAND/FRANCE
DEUTSCHLAND/FRANCE
DEUTSCHLAND/FRANCE
DEUTSCHLAND/FRANCE
DEUTSCHLAND/FRANCE
DEUTSCHLAND/FRANCE
DEUTSCHLAND/FRANCE
DEUTSCHLAND/FRANCE
DEUTSCHLAND/FRANCE
DEUTSCHLAND/FRANCE
DEUTSCHLAND/FRANCE
DEUTSCHLAND/FRANCE
DEUTSCHLAND/FRANCE
DEUTSCHLAND/FRANCE
DEUTSCHLAND/FRANCE
DEUTSCHLAND/FRANCE
DEUTSCHLAND/FRANCE
DEUTSCHLAND/FRANCE
DEUTSCHLAND/FRANCE
DEUTSCHLAND/FRANCE
DEUTSCHLAND/FRANCE
DEUTSCHLAND/FRANCE
DEUTSCHLAND/FRANCE
DEUTSCHLAND/FRANCE
DEUTSCHLAND/FRANCE
DEUTSCHLAND/FRANCE
DEUTSCHLAND/FRANCE
DEUTSCHLAND/FRANCE
DEUTSCHLAND/FRANCE
DEUTSCHLAND/FRANCE
DEUTSCHLAND/FRANCE
DEUTSCHLAND/FRANCE
DEUTSCHLAND/FRANCE
DEUTSCHLAND/FRANCE
DEUTSCHLAND/FRANCE
DEUTSCHLAND/FRANCE
DEUTSCHLAND/FRANCE

LÖSUNG: SEITE 186

DEUTSCHLAND/FRANCE
DEUTSCHLAND/FRANCE
DEUTSCHLAND/FRANCE

DAS RÄTSEL LA DEVINETTE

DEUTSCHLAND/FRANCE
DEUTSCHLAND/FRANCE
DEUTSCHLAND/FRANCE
DEUTSCHLAND/FRANCE
DEUTSCHLAND/FRANCE
DEUTSCHLAND/FRANCE
DEUTSCHLAND/FRANCE
DEUTSCHLAND/FRANCE
DEUTSCHLAND/FRANCE
DEUTSCHLAND/FRANCE
DEUTSCHLAND/FRANCE
DEUTSCHLAND/FRANCE
DEUTSCHLAND/FRANCE
DEUTSCHLAND/FRANCE
DEUTSCHLAND/FRANCE
DEUTSCHLAND/FRANCE
DEUTSCHLAND/FRANCE
DEUTSCHLAND/FRANCE
DEUTSCHLAND/FRANCE
DEUTSCHLAND/FRANCE
DEUTSCHLAND/FRANCE
DEUTSCHLAND/FRANCE
DEUTSCHLAND/FRANCE
DEUTSCHLAND/FRANCE
DEUTSCHLAND/FRANCE
DEUTSCHLAND/FRANCE
DEUTSCHLAND/FRANCE
DEUTSCHLAND/FRANCE
DEUTSCHLAND/FRANCE
DEUTSCHLAND/FRANCE
DEUTSCHLAND/FRANCE
DEUTSCHLAND/FRANCE
DEUTSCHLAND/FRANCE
DEUTSCHLAND/FRANCE
DEUTSCHLAND/FRANCE
DEUTSCHLAND/FRANCE
DEUTSCHLAND/FRANCE
DEUTSCHLAND/FRANCE
DEUTSCHLAND/FRANCE
DEUTSCHLAND/FRANCE

DAS RÄTSEL LA DEVINETTE

LÖSUNG: SEITE 186

DEUTSCHLAND/FRANCE
DEUTSCHLAND/FRANCE
DEUTSCHLAND/FRANCE

DEUTSCHLAND/FRANCE
DEUTSCHLAND/FRANCE
DEUTSCHLAND/FRANCE
DEUTSCHLAND/FRANCE
DEUTSCHLAND/FRANCE
DEUTSCHLAND/FRANCE
DEUTSCHLAND/FRANCE
DEUTSCHLAND/FRANCE
DEUTSCHLAND/FRANCE
DEUTSCHLAND/FRANCE
DEUTSCHLAND/FRANCE
DEUTSCHLAND/FRANCE
DEUTSCHLAND/FRANCE
DEUTSCHLAND/FRANCE
DEUTSCHLAND/FRANCE
DEUTSCHLAND/FRANCE
DEUTSCHLAND/FRANCE
DEUTSCHLAND/FRANCE
DEUTSCHLAND/FRANCE
DEUTSCHLAND/FRANCE
DEUTSCHLAND/FRANCE
DEUTSCHLAND/FRANCE
DEUTSCHLAND/FRANCE
DEUTSCHLAND/FRANCE
DEUTSCHLAND/FRANCE
DEUTSCHLAND/FRANCE
DEUTSCHLAND/FRANCE
DEUTSCHLAND/FRANCE
DEUTSCHLAND/FRANCE
DEUTSCHLAND/FRANCE
DEUTSCHLAND/FRANCE
DEUTSCHLAND/FRANCE
DEUTSCHLAND/FRANCE
DEUTSCHLAND/FRANCE
DEUTSCHLAND/FRANCE
DEUTSCHLAND/FRANCE
DEUTSCHLAND/FRANCE
DEUTSCHLAND/FRANCE
DEUTSCHLAND/FRANCE
DEUTSCHLAND/FRANCE

LÖSUNG: SEITE 186

DEUTSCHLAND/FRANCE
DEUTSCHLAND/FRANCE
DEUTSCHLAND/FRANCE

DAS RÄTSEL LA DEVINETTE

?

HUND

wau wau

ouaf ouaf

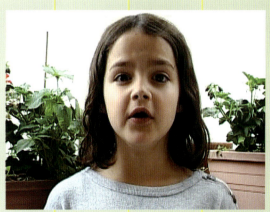

DIE LAUTMALEREI L'ONOMATOPÉE

KATZE

miau

miaou

DIE LAUTMALEREI L'ONOMATOPÉE

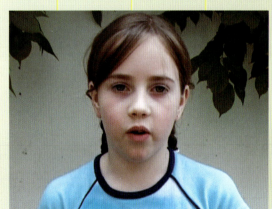

KUH

muh...

meuh...

DIE LAUTMALEREI L'ONOMATOPÉE

ELEFANT

törö

?

DIE LAUTMALEREI L'ONOMATOPÉE

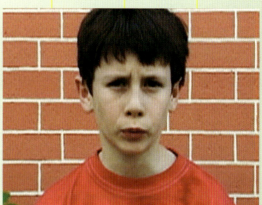

DIE LAUTMALEREI L'ONOMATOPÉE

HUHN

pok pok pok pok

cot cot codac

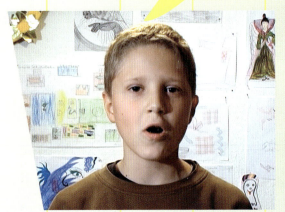

DIE LAUTMALEREI L'ONOMATOPÉE

ESEL

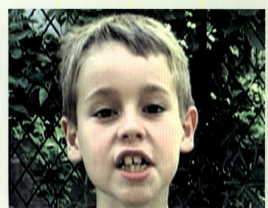

iah !

hi han !

DIE LAUTMALEREI   L'ONOMATOPÉE

NIESEN

hatschi

atchoum

DIE LAUTMALEREI L'ONOMATOPÉE

TRINKEN

gluck... gluck

glou... glou

DIE LAUTMALEREI L'ONOMATOPÉE

INS WASSER FALLEN

plumps

plouf

DIE LAUTMALEREI L'ONOMATOPÉE

EKEL

DIE LAUTMALEREI   L'ONOMATOPÉE

SEI STILL

psst...

chut...

DIE LAUTMALEREI L'ONOMATOPÉE

RÄTSEL DEUTSCHLAND FRANCE

AUFLÖSUNGEN LA SOLUTION

posthorn
seite 69

krankenwagen
seite 71

spielautomat
seite 73

Mutter-Kind-Parkplatz
seite 95

polizist
seite 97

Logo »La Poste«
seite 99

steckdose
seite 111

öffentliches telefon
seite 113

apothekenzeichen
seite 115

seite 167

carambar

s-bahn-schild
seite 169

telefonzelle
seite 171

DIE AUTOREN

Claire Doutriaux hat als Kind regelmäßig die Osterferien bei einer Dürener Familie verbracht. Später zog sie nach Hamburg, wo sie 15 Jahre lang lebte. Seit seiner Gründung arbeitet sie beim Fernsehsender ARTE. Ihr Lebensweg verläuft zwischen Frankreich und Deutschland. Im Spannungsfeld dieser beiden Kulturen ist ihre Sendung *Karambolage* entstanden.

Brice d'Antras hat mehrere Jahre in Hannover gelebt. Er ist Professor für Design und Designkritiker.

Sabine Glon ist eine Pariser Filmemacherin. In ihrer Jugend ist sie oft nach Deutschland gereist – eine Zeit, an die sie sich heute gerne erinnert.

Unda Hörner ist Schriftstellerin. Sie lebt in Berlin, ist aber regelmäßig in Paris, um dort über die französischen Surrealisten zu forschen.

Pascale Hugues lebt in Berlin. Dort schreibt sie hauptsächlich für den *Tagesspiegel* und das Pariser Magazin *Le Point*. Außerdem hat sie mehrere Bücher über Deutschland veröffentlicht.

Hajo Kruse ist Journalist. Er lebt seit dreißig Jahren in Paris und nimmt für die deutschen Medien die französischen Sitten unter die Lupe.

Axel Kufus ist ein Berliner Designer, der für seinen minimalistischen Stil bekannt ist. Als erster deutscher Designer wurde er beauftragt, Mobiliar für französische Ministerbüros zu entwerfen.

DIE AUTOREN

Waltraud Legros ist Österreicherin. An französischen Universitäten hat sie deutsche Literatur und Sprache gelehrt. Heute lebt sie in einem kleinen Dorf in Südfrankreich.

Olaf Niebling ist ein deutscher Unternehmer im Ruhestand. Er wohnt in Koblenz und erinnert sich oft mit leichter Nostalgie an seine Ferien als Kind, die er in Frankreich verbrachte.

Nikola Obermann ist Schauspielerin, Drehbuchautorin und Journalistin. Sie lebt seit 15 Jahren in Frankreich und denkt manchmal wehmütig an das Deutschland ihrer Kindheit zurück.

Katja Petrovic wohnt in Berlin. Sie hat in Frankreich und Deutschland Journalismus studiert.

Michael Rutschky lebt in Berlin. Er schreibt für Zeitungen und Zeitschriften, Radio und Fernsehen und hat mehrere Bücher veröffentlicht.

Hinrich Schmidt-Henkel ist literarischer Übersetzer. Er lebt in Berlin, hat aber wichtige Momente seines Lebens in Frankreich, Italien und Norwegen verbracht. Sprachen sind sein Lebenselixier. Doch am liebsten ist ihm die Sprache, in die er übersetzt: das Deutsche.

Ruth Vogel-Klein lebt in Paris. Sie ist in Deutschland geboren, in Italien aufgewachsen und hat auf beiden Seiten des Rheins studiert. Heute unterrichtet sie deutsche Literatur an der Pariser École normale supérieure.

DIE GRAFIKER

Nicolas Cappan
Jean-Baptiste Lévêque

DAS GUMMIBÄRCHEN
DER BIERDECKEL
DIE ROBE
LA SALOPETTE
DAS RENDEZVOUS
LA VACHE QUI RIT
DER HAMBURGER

Gabrielle Cariolle

DER AUFKLEBER

Joris Clerté

DER STRANDKORB
LE BOULEVARD
LE BOUCHON
LA CLÉ ANGLAISE

Claude Delafosse

DAS BAISER LA MERINGUE
DER BLUMENSTRAUSS
LA GALETTE DES ROIS
DIE SCHULTÜTE
LE CANARD
LE FIFRELIN
LA CAPOTE ANGLAISE
FISIMATENTEN

LE CORDONNIER
DIE GARAGE ETC.
DER TRANSPORT

Guillaume de la Perrière

L'AMPOULE À BAÏONNETTE
FALLEN

Bérangère Lallemant

DIE HEIMAT
BOCHE, CHLEU UND FRITZ
DAS BUCH

Karine Lalloz

DIE TRACHT
L'ÉCOSSAIS

Maud Remy

DAS STÖVCHEN
L'AUBERGE
DER TUNNEL
LE PARISIEN, LE MARSEILLAIS ETC.
DIE KATZE

Maija-Lene Rettig

LA BAGUETTE
VERDIENEN

Nicolas Thépot

KAPUTT

Denis van Waerebeke

BERLINERISCH
DIE GARAGE ETC.

Bild- und Fotonachweis
Noël Bourcier

Umschlaginnenseiten, S. 1, 3, 4,
38–39, 47, 120, 126, 180, 181,
183, 184, 185

KARAMBOLAGE – DAS BUCH

entstanden in zusammenarbeit von Le Seuil, Jacques Binsztok – ARTE, Jean Rozat

Noël Bourcier, Artdirector, **Marte Kräher**, Assistentin, **Annelise Signoret**, Koordination ARTE Éditions, **Garance Giraud**, Koordination Le Seuil, **Virginie Lacoste**, Koordination Karambolage, **Véronique Ovaldé**, Herstellungsbetreuung

KARAMBOLAGE – DIE SENDUNG

Claire Doutriaux
Catherine Bonétat
Virginie Lacoste
Maija-Lene Rettig
Lisa Müller
Bernhard Wimmer
Nicolas Sourdey
Thierry Augé
David Guedj
Markus Seitz
Stefanie Rieke
Eva Könneman

Nina Könneman
Stéphane Aveneau
Yaël Cohen
Katja Petrovic
Marte Kräher
Britta Oleinek
Jeanette Konrad
Sergio Escorcio
Arnaud Lamborion
Frédéric Pichon
Julien Gillot
Hugues Petit

Philippe Massonnet
Nicolas Loncle
Martin Delafosse
Lasse Teubner
Julie Rousselet
Laura Rüge
Jonas Witsch
Sophie Plessing

und natürlich
Jacques Falgous

INHALTSVERZEICHNIS

8 DER GEGENSTAND

DER BLUMENSTRAUSS
DER TROPFENFÄNGER
LA GALETTE DES ROIS
L'AMPOULE À BAÏONNETTE
DAS BAISER LA MERINGUE
DER BIERDECKEL
LE LIVRE À LA FRANÇAISE
LES MOUILLETTES
DAS BRETTCHEN
L'ÉCOSSAIS
DAS STÖVCHEN
DER STRANDKORB
LE SANDWICH
DIE TRACHT
DER KLOPAPIERHUT
L'OPINEL
DIE GEMÜSEMÜHLE VON MOULINEX
LE LIT À LA FRANÇAISE
DER WANDERSTOCK
DER PATERNOSTER
LE CHIFFON DE BARRAGE
DER STAMMTISCHASCHENBECHER
DER EIERPIEKER
LA BAGUETTE
LA VACHE QUI RIT
DER AUFKLEBER
LE BOL
DIE SCHULTÜTE
DAS GUMMIBÄRCHEN
DAS ZIGARETTENPAPIER LE PAPIER À CIGARETTES

68 RÄTSEL

74 DAS BÜRO

DIE FRANZÖSISCHE VERTEIDIGUNGSMINISTERIN
DER DEUTSCHE VERTEIDIGUNGS-MINISTER
DIE DEUTSCHE JUSTIZMINISTERIN
DER FRANZÖSISCHE PREMIER-MINISTER
DER DEUTSCHE FINANZMINISTER
DER FRANZÖSISCHE KULTUR-MINISTER

86 DAS RITUAL

DER BUNDESTAG L'ASSEMBLÉE NATIONALE
DIE NEUJAHRSANSPRACHEN

94 RÄTSEL

100 DAS INVENTAR

CAROTTE
ZIGARETTENAUTOMAT
HUND CHIEN
APOTHEKE PHARMACIE
WASSER-GAS
STROMKASTEN
TOILETTEN TOILETTES
IMBISSBUDE
BOUCHERIE CHEVALINE

110 RÄTSEL

116 DAS WORT

LE CANARD
BERLINERISCH
LA CLÉ ANGLAISE ETC.
LE CORDONNIER
LE FIFRELIN
LA CAPOTE ANGLAISE
FISIMATENTEN
DIE GARAGE, DIE SABOTAGE, DIE VISAGE ETC.
DER TRANSPORT
L'AUBERGE
LE BOUCHON
LE BOULEVARD
DER TUNNEL
DAS BUCH
DIE HEIMAT
LA SALOPETTE
FALLEN
VERDIENEN
KAPUTT
DAS RENDEZVOUS
DIE ROBE
DER HAMBURGER
BOCHE, CHLEU UND FRITZ
LE PARISIEN, LE MARSEILLAIS ETC.
DIE KATZE

166 RÄTSEL

172 DIE LAUTMALEREI

186 AUFLÖSUNGEN DER RÄTSEL

187 DIE AUTOREN

189 DIE GRAFIKER